LA POLITIQUE ET L'ÉQUITÉ

PAR

J.-M. DE LA CODRE

PARIS
E. DENTU, ÉDITEUR
LIBRAIRE DE LA SOCIÉTÉ DES GENS DE LETTRES
PALAIS-ROYAL, 17 ET 19, GALERIE D'ORLÉANS

1877

LA

POLITIQUE ET L'ÉQUITÉ

OUVRAGES DU MÊME AUTEUR

ESQUISSES DE PHILOSOPHIE PRATIQUE
1 vol. in-12.

DE L'IMMORTALITÉ, DE LA SAGESSE ET DU BONHEUR
2 vol. in-8.

L'AME ET DIEU
Brochure in-8.

LE CIEL. — ASTRONOMIE SPÉCULATIVE
Brochure in-8.

DE LA GRANDEUR MORALE ET DU BONHEUR
1 vol. in-12.

LES DESSEINS DE DIEU
1 vol. in-8.

L'OPINION PUBLIQUE ET LES GOUVERNEMENTS
1 vol. in-8.

L'HONNEUR
Brochure in-8.

LE PRINCIPE DE MORALITÉ
Brochure in-8.

LA SCIENCE DU BONHOMME FÉLIX
1 vol. in-12.

LES DESTINÉES DE L'AME
1 vol. in-12.

Typographie Lahure, rue de Fleurus, 9, à Paris.

LA

POLITIQUE

ET L'ÉQUITÉ

PAR

J.-M. DE LA CODRE

PARIS

E. DENTU, ÉDITEUR

LIBRAIRE DE LA SOCIÉTÉ DES GENS DE LETTRES

PALAIS-ROYAL, 17 ET 19, GALERIE D'ORLÉANS

—

1877

PRÉFACE

Ferai-je une préface ?

On ne les lit guère.

Mais je prévois qu'on pourra bien accuser l'ouvrage suivant d'être une *utopie* ou une *sentimentalité;* Redoutables inculpations ! J'ai répondu à la première dans un long chapitre (XXIIIe) ; l'autre peut être traitée plus brièvement, elle sera le sujet de ma préface.

Les sentiments doivent remplir et ont rempli un grand rôle dans le gouvernement des nations. Le *sentiment de l'honneur* a fait naître d'illustres dévouements; il est pour quelques peuples un préservatif assuré contre les malversations, les bassesses que la cupidité engendre trop souvent en d'autres pays. — Le *sentiment des convenances* produit cette politesse qui, sous forme de bienveillance chez les uns, de respect chez les autres, entretient entre les membres de la cité, entre tous les habitants du globe, des relations profitables, et qui manifestent l'attitude que doit toujours prendre la dignité humaine ; — l'*amour de la patrie*, s'ajoutant à celui de l'honneur et au respect des convenances, agrandit ces deux sentiments, qui alors sont cultivés par chacun non plus seulement pour son propre avantage, mais aussi avec l'intention d'être utile à la communauté dont il est membre, de lui rendre quelque part des biens qu'il reçoit d'elle chaque jour ; de s'élever ainsi jusqu'au *sentiment de la reconnaissance*, d'une reconnaissance protectrice. Mais, à certaines époques, on a tellement abusé du mot sensibilité qu'il a pris une teinte de ridicule, et, aujourd'hui, on écarte avec une sorte de dédain les ouvrages contre lesquels est lancée la qualification néologique et dépressive de *sentimentalité*.

J'affirme au lecteur que cette qualification appliquée au présent travail serait complétement injuste. En donnant une place aux sentiments de l'honneur, des convenances, de la patrie, de la gratitude, cet écrit prend surtout en considération l'intérêt bien entendu de la nation et de chacun des citoyens. A chaque page, il invoque l'appui du bon sens, de cette solide raison, qui, avec l'intérêt de tous et de chacun, consulte cet ensemble des faits que les publicistes appellent la *nature des choses;* cet ensemble de faits qui rend possible ou impossible, à tel moment, la mise en œuvre des combinaisons que l'intelligence a conçues.

Ces précautions prises, j'espère que le lecteur voudra bien parcourir l'opuscule jusqu'à la fin, soit qu'il se trouve disposé à l'approuver, ou déterminé à le combattre. Le dessein que j'ai eu, et qu'il sera aisé de reconnaître, de montrer l'accord de l'équité avec ce qu'il y a de plus utile dans la politique mérite, à ce qu'il me semble, qu'on lui accorde cette faveur.

Enfin, pour soutenir l'utilité de la morale comme élément politique, je vais citer quelques lignes d'une dissertation approfondie dans laquelle sont rappelées les doctrines des économistes et des socialistes les plus renommés: Adam Smith, Ricardo, Bastiat, Proudhon, J. B. Say, Stuart Mill, Karl Marx, Roberston, Lasalle,

Garnier, H. Passy et autres. — On n'accusera pas, j'espère, ceux-là de *sentimentalité !*

« La rénovation morale, dit cette dissertation de M. de Laveleye (*Revue des Deux Mondes* du 1er septembre 1876), telle est la source de tout progrès véritable. Ce n'est ni par la critique des doctrines économiques, quelque subtile qu'elle soit, ni par une forme nouvelle d'association, fût-ce le phalanstère ou la société coopérative, que l'on guérira les maux de la société actuelle ; c'est en répandant dans toutes les classes de la société plus de lumière et de moralité. C'est uniquement par des influences morales que le christianisme a brisé les chaînes de l'esclavage ; ainsi pourra cesser la misère. « Il y aura sans doute des pauvres parmi nous », parce qu'il y aura toujours des paresseux incorrigibles, et que, comme dit saint Paul, « celui qui ne travaille pas ne doit « pas manger » ; mais que les classes supérieures apprennent à mieux connaître et à mieux remplir leurs obligations ; que les ouvriers, plus instruits, plus moraux, moins esclaves des sens, arrivent à la propriété par le travail et par l'épargne ; que la science continue à accroître les productions de l'agriculture et de l'industrie, et le paupérisme, le dénûment disparaîtront, en tant qu'ils atteignent toute une catégorie de familles, et qu'ils constituent une plaie de notre ordre social. »

Reges intelligite; erudimini qui judicatis terram.

Nous allons essayer de coopérer à cette œuvre.

Caen, le 20 octobre 1876.

LA POLITIQUE ET L'ÉQUITÉ

CHAPITRE PREMIER

LE BUT — DÉFINITIONS — APERÇUS GÉNÉRAUX

La science religieuse enseigne que tous les hommes doivent contribuer au perfectionnement moral et au bonheur les uns des autres, dans toute la mesure du possible. Ce devoir est imposé à chacun en particulier comme règle de ses méditations et de ses actes. — L'observation des choses humaines apprend aussi que l'accomplissement de cette obligation, que la mise en œuvre de cette méthode, est pour une société tout entière, et pour chacun de ceux qui la composent, le meilleur moyen de parvenir à une prospérité durable dont chacun profite.

Si on m'objectait que, dans l'état présent de nos mœurs, cette doctrine est exagérée, ma réponse serait celle faite par un ancien philosophe en pareille occurrence : Je demande *trop*, peut-être; mais c'est afin que l'on accorde *assez*. — Il est dans la nature que tout être *raisonnable* se propose un but pour sa conduite générale et pour chacune de ses actions; le but que j'indique, et que j'expliquerai plus précisément dans les pages qui vont suivre, n'est pas, je crois, sans quelque valeur pour le bien public et pour le bonheur individuel, ou au moins mérite, ce me semble, de n'être pas rejeté sans examen.

Les fonctions de toute nature, les travaux, les soins qui font vivre et prospérer une nation, sont répartis entre ses membres, qui reçoivent les noms divers d'agriculteurs, industriels, commerçants, administrateurs, juges, militaires, ecclésiastiques, littérateurs, savants, publicistes et autres. Chacun d'eux est engagé par son intérêt particulier, et chargé dans l'intérêt général, d'accomplir convenablement les opérations diverses, les travaux que les circonstances lui ont impartis, et qui doivent, tous, être dirigés vers la réalisation de l'œuvre commune dont le but vient d'être indiqué.

Les sciences politiques se proposent de reconnaître quelles sont les institutions, les lois qui peuvent le mieux conduire chaque peuple au perfectionnement moral et au bonheur; de tracer les règles suivant lesquelles doivent être gérées ces opérations et ces fonctions sociales; de spécifier les intentions qui doivent animer chacun des membres de la communauté; de déterminer les rapports qu'il convient d'établir entre les fonctionnaires et tous les membres du corps social.

Les publicistes ont spécialement pour mission d'expliquer, de formuler les règles que la politique doit appliquer, de les approprier aux circonstances qu'amènent les développements des faits sociaux, de faire en sorte que la convenance, l'utilité des observations et des conclusions qu'ils énoncent soient assez évidentes pour obtenir l'assentiment des membres de la cité, pour influer ainsi efficacement sur les mœurs, sur les lois, sur le perfectionnement et le bonheur général.

Depuis quarante siècles, un grand nombre d'hommes éclairés, Confucius, Socrate, Platon, Aristote, Grotius, Fénelon, Montesquieu, et beaucoup d'autres justement restés célèbres, se sont livrés à ces recherches; et pourtant le travail n'est pas achevé; on n'est pas arrivé au but; il n'existe pas de livre ou de doctrine ayant la puissance de réunir une majorité d'adhésion pratique telle que, chez quelque peuple que ce soit, les hommes possèdent tout le bonheur qu'ils semblent pouvoir acquérir en ce monde. Il n'y a pas, ou du moins nous ne voyons pas dans ce fait un motif pour désespérer de l'avenir, pour renoncer aux efforts qui tendent à réaliser l'idéal entrevu. Les discours, les livres que le passé a vu naître ont produit des améliorations dans le sort des nations et des particuliers; c'en est assez pour que le travail de perfectionnement ne soit pas abandonné, pour que chacun — même les faibles — doive persister à fournir valeureusement son tribut.

CHAPITRE II

LE BIEN INDIVIDUEL ET LES BIENS SOCIAUX

Le perfectionnement et le bonheur pour chaque être humain résultent de l'accomplissement de deux conditions principales, de deux situations que l'on peut nommer : l'une la *santé physique*, l'autre la *santé morale*. La première est une conséquence de l'harmonie qui existe dans le fonctionnement des organes corporels; la seconde résulte d'une autre harmonie établie entre nos forces et nos désirs, entre nos pensées et la volonté divine, entre nos devoirs et nos actions. Il n'est personne à qui ces deux santés ne soient nécessaires, il n'est personne à qui elles ne suffisent. Ce fait produit entre les hommes une égalité que l'on n'a pas peut-être assez fait remarquer.

Le *bien social* s'attache principalement à deux circonstances :

1° La *sécurité*, l'opinion, justifiée, que chacun des membres de la nation conservera certainement la possession et la libre disposition des biens matériels de toute nature qu'il a précédemment acquis, de ceux qu'il acquerra encore, de ceux qui lui ont été et qui lui seront transmis par ses parents ou ses bienfaiteurs. Cette sécurité est nécessaire pour que chacun use avec modération des objets qu'il possède, et n'en diminue pas la quantité ou la valeur en les prodiguant, dans la pensée qu'ils peuvent lui être enlevés ; pour qu'il fasse des efforts incessants afin d'accroître par un travail productif la quantité de ces objets utiles; accroissement qui est profitable à lui-même et aussi à la nation dont il fait partie, comme formant une des bases de sa force et de sa prospérité.

2° La *liberté*, la faculté laissée à chacun d'employer ses forces, ses talents, ses ressources, de la façon qu'il jugera convenable, sous les seules conditions qu'il ne portera aucune atteinte ni aux droits, ni à la sécurité, ni à la liberté d'autrui; et qu'il accomplira les devoirs auxquels il est naturellement soumis, comme il satisfera aux engagements qu'il a expressément contractés; cette liberté, combinée avec la sécurité, est, comme elle, un germe productif, un élément de la prospérité nationale. Il est facile de reconnaître, ce que d'ailleurs nous expliquerons plus loin avec quelques détails, quelles intimes relations se produisent entre ces biens sociaux et le bonheur individuel; comment la prospérité sociale contribue à la conservation de la santé physique et de la santé morale de chaque membre de la cité.

La sécurité rencontre dans les faits au milieu desquels nous vivons des obstacles de diverses sortes; la liberté doit être, sur divers points, modérée, dirigée par la raison générale, comme la morale veut qu'elle le soit habituellement et continûment par la raison individuelle. Nous allons nous occuper des obstacles qui menacent la sécurité, et des règlements auxquels la liberté doit être soumise. — Mais, avant d'aborder ces détails, faisons remarquer que le meilleur moyen de conserver la liberté et de la rendre profitable à soi-même et aux autres, c'est d'en *bien user*, c'est-à-dire de se soumettre aux lois, en voulant ce qu'elles veulent, en donnant à leurs prescriptions une adhésion formelle de sa volonté; et en outre de compléter par les inspirations d'un sentiment de bienveillance, puisé dans la loi divine, les injonctions décrétées à titre réglementaire.

CHAPITRE III

DÉSIGNATION DES OBSTACLES QUE RENCONTRE LA SÉCURITÉ

La liberté de parler, d'écrire, de former des réunions, la faculté de prendre part au gouvernement par des élections municipales ou politiques, doivent avoir plus ou moins d'étendue ou subir plus ou moins de restrictions, suivant les tendances, les mœurs, les aptitudes des populations dont cette liberté et cette délégation électorale règlent le sort. Dans tous les cas, il est nécessaire qu'elles soient déterminées par les lois, de telle sorte que la sécurité publique ne puisse être ni troublée ni même inquiétée.

Un ouvrage de M. H. Passy, intitulé : *Des formes de gouvernement et des lois qui les régissent* énonce, comme pouvant être des causes de perturbation, plusieurs circonstances dont la présence et l'intensité nécessitent dans la forme gouvernementale la possession d'une force suffisante pour les prévenir ou les réfréner, laquelle force conséquemment varie suivant les occurrences.

L'auteur en donne comme suit la nomenclature, que nous expliquerons d'abord en peu de mots, avec l'intention d'y revenir dans les chapitres suivants :

1° Composition des États. — Un grand royaume est ordinairement formé de plusieurs provinces qui ont été jointes successivement à un centre par des conquêtes, des mariages ou des conventions diplomatiques. Les habitants de ces provinces, appartenant à différentes races, ont des lois, des opinions, des habitudes qui ne s'accordent pas toujours facilement entre elles.

2° Diversité des croyances religieuses. — Cette cause de troubles est suffisamment désignée par son titre seul.

3° Dissentiments entre les diverses fractions du corps social. — C'est-à-dire entre les nobles et les roturiers, les fonctionnaires et les administrés, les riches et les pauvres.

4° Circonstances territoriales ; diversité des intérêts locaux. — Telle région du pays est plus propre à donner des productions vinicoles ou agricoles, telle autre à fournir des objets que transformera l'industrie manufacturière; telle contrée est féconde, telle autre est presque stérile.

5° Nécessité de la défense nationale. — Les provinces voisines de la mer veulent que l'on s'occupe surtout des forces maritimes, les pays de l'intérieur demandent que l'on se pourvoie de fantassins et de cavaliers armés pour les guerres continentales.

6° Étendue territoriale. — Un vaste État

demande, pour être bien gouverné, une administration plus active, plus compliquée, des fonctionnaires pourvus de moyens d'action plus énergiques, plus irrésistibles, qu'une petite république ou principauté dans laquelle les habitants reçoivent, à courtes distances, les impulsions du pouvoir central.

Nous allons tâcher de reconnaître, pour le pays dont nous nous occupons plus spécialement — la France —, quelle est l'intensité des causes de trouble qui la menacent, afin de signaler, implicitement, par cette voie, quelle doit être la puissance et la vigueur des mesures gouvernementales que réclame, en ce pays, la sécurité publique.

Mais ce travail appelle une observation préliminaire à laquelle nous allons d'abord nous livrer.

CHAPITRE IV

APPRÉCIATION DU CARACTÈRE FRANÇAIS

Quand on veut construire un édifice, on se pourvoit des matériaux appropriés au dessein que l'on a conçu. Lorsqu'il s'agit de former un élève ou de le guider, il est nécessaire de démêler les propensions, les aptitudes, les antipathies naturelles ou artificielles de cet enfant ou de ce peuple auquel on se propose d'être utile. Les réflexions suivantes prendront le peuple français dans les conjonctures qui existent actuellement, avec les dispositions intellectuelles et morales qu'il a reçues à la fois de la nature et des leçons que contenait pour lui le passé. C'est avec ces données, sans remonter aux indications que fournissent l'histoire ou les théories, que nous constaterons plus loin dans quelle mesure chacune des causes de désaccord énoncées par M. Passy tend à troubler notre société, quelles ressources actuelles et futures peuvent être mises en œuvre pour leur résister ou les annihiler.

Nous remarquons principalement dans cet état intellectuel du peuple français (au point de vue dont il s'agit) les trois dispositions suivantes :

1° Presque tous les Français ont assez d'intelligence pour comprendre que le droit de propriété individuelle indiqué dans le chapitre II qui précède est l'élément indispensable de la civilisation et de l'existence des sociétés politiques ; que ce droit étant utile à tous les membres de la nation, tous sont tenus moralement, aussi bien que légalement, de le respecter ; que celui qui accuse ce droit dans sa pensée manque de bon sens et d'équité ; que celui qui, par ses actes, lui porte une atteinte quelconque est coupable envers tous et doit être puni par la justice sociale.

2° Tout Français désire, à un très-haut point, l'estime ou les approbations d'autrui. Ce désir d'être considéré, ou, si l'on veut, d'attirer les regards, est le mobile d'un grand nombre d'actions louables ou répréhensibles : il peut être la source de l'honneur, ou bien celle de l'envie et de la cupidité, suivant la direction que les mœurs, l'éducation, l'exemple, lui impriment.

3° Tout Français sent ou est apte à sentir que l'homme, et notamment lui, Français du dix-neuvième siècle, est, par sa nature, supérieur à l'être seulement sensitif, à l'animal; qu'il est doué d'une intelligence et d'une volonté qui le rendent maître de ses destinées, bien plus que ne l'est cet être inférieur; que notamment il n'est pas, comme celui-ci, en vertu d'une sorte de nécessité, l'esclave de ses habitudes, de ses convoitises, de ses passions, mais qu'au contraire il a le pouvoir d'apporter d'importantes et heureuses modifications à tout ce qu'il y a d'injuste, de défectueux en lui et autour de lui.

CHAPITRE V

APPRÉCIATIONS DES CAUSES DE TROUBLES

Ceci reconnu, montrons que les causes de troubles ci-dessus énumérées avec M. Passy, ayant en France moins d'intensité que dans plusieurs autres pays, peuvent être, chez nous, combattues avec plus de succès, en faisant un usage judicieux des propensions et des aptitudes que nous venons de désigner.

Les défectuosités des institutions, les antagonismes dans les opinions, proviennent ordinairement ou de ce que les institutions sont en désharmonie avec l'équité, ou de ce que les opinions sont entachées d'erreurs. Le rétablissement de l'équité, le redressement des erreurs opérés progressivement, avec une sage lenteur, sont en France plus faciles à effectuer qu'on ne le croit. Les observations suivantes pourront nous le montrer; je vais, pour les exposer méthodiquement, passer en revue les diverses causes de trouble que M. Passy nous a signalées.

1° *Composition des États.* — Cette cause de discorde est presque nulle dans notre pays. Les provinces qui ont été successivement réunies par assentiments populaires, conquêtes et mariages, sont jointes les unes aux autres depuis plusieurs siècles, et les distinctions d'origine ont disparu. Tous les habitants, du nord au midi, de l'est à l'ouest, aiment la commune patrie et se font gloire d'être Français.

2° *Diversité des croyances religieuses.* —Bien que la majorité des Français soit catholique, les protestants, les israélites parviennent à la richesse et aux fonctions publiques tout aussi facilement que les autres citoyens. Il n'est presque personne qui, dans les relations habituelles de la vie, établisse une différence entre les zélateurs des croyances diverses. Cette cause de discorde est aujourd'hui à peu près disparue en France.

3° *Dissentiments entre les diverses fractions du corps social.* — Sur ce point, les difficultés subsistantes sont plus nombreuses et plus graves que sur les autres; nous consacrerons à les examiner un chapitre spécial.

4° *Circonstances territoriales, diversité des intérêts locaux.*—Cette diversité des intérêts locaux est entrée pour beaucoup dans les causes qui ont produit une guerre désastreuse entre les concitoyens des *États-Unis* d'Amérique. Aucun conflit de cette nature, ayant de semblables résultats, ne s'est jamais élevé en France. Si quelques intérêts locaux ont à souffrir d'une mesure qui est plus favorable à l'une de ses régions territoriales qu'à une autre, la lésion éprouvée n'est jamais très-considérable, grâce aux intentions bienveillantes des législateurs et de l'administration; et d'ailleurs, l'amour de la patrie ferait taire les réclamations violentes, si quelques-uns étaient tentés d'en faire entendre.

5° *Nécessité de la défense nationale.*— Lorsque les *provinces unies* des Pays-Bas étaient gouvernées dans la forme républicaine, on a vu celles qui occupaient le littoral demander avec instance que les impositions à établir ou les sommes déjà recueillies fussent employées autrement que ne l'auraient voulu les pays de l'intérieur; des troubles sont plusieurs fois nés de cette cause; la France n'a jamais éprouvé de discordes semblables; l'intérêt général a toujours été remis avec confiance entre les mains du gouvernement, malgré la différence des formes qu'il a subies depuis plus d'un siècle.

6° *Étendue territoriale.* — L'amour de la patrie, répandu sur tout le territoire français, a aussi empêché que les provinces, même lorsqu'elles portaient encore les noms originaires qui rappelaient leurs nationalités diverses, refusassent d'obéir aux lois ou aux ordonnances décrétées par le pouvoir central, ou bien les dissidences ont été de courte durée; maintenant la facilité des communications assure de plus en plus cette homogénéité française.

Il résulte de cet examen que tous les habitants de la France forment bien véritablement une famille sociale.

Nous avons encore à discuter la troisième cause de discorde; mais nous espérons qu'elle n'est pas aussi redoutable qu'on pourrait le supposer; nous allons essayer de faire voir que, dans l'avenir, plusieurs considérations puissantes la feront disparaître de moment en moment jusqu'à un effacement complet.

CHAPITRE VI

DISSENTIMENTS ENTRE LES DIVERSES FRACTIONS DU CORPS SOCIAL

Les causes de trouble que produisent ces dissentiments, ont exercé une funeste et très-considérable influence sur les événements qui se sont déroulés parmi nous depuis plusieurs siècles. Ces causes agissent encore, mais avec moins de vivacité qu'à d'autres époques, et nous croyons que la mise en œuvre de nos propensions françaises, et particulièrement des trois dispositions intellectuelles que nous avons fait remarquer, peut, si elles sont dirigées par les écrivains et les législateurs avec une équitable prudence, les atténuer beaucoup, et peut-être en triompher.

Offrons le sommaire de quelques-uns de nos réflexions à ce sujet.

I. — Si les circonstances qui précèdent ou accompagnent la vie de chaque personne font des riches et des pauvres, tous les Français, avons-nous dit, comprennent ou peuvent comprendre que le droit de propriété individuelle et ses conséquences, qui produisent les diversités de fortune, étant la condition indispensable de la civilisation et de la prospérité des États, tous induiront de cette remarque : 1° que la jalousie, l'envie, la haine du pauvre contre le riche sont non-seulement préjudiciables à ce pauvre, jaloux et envieux, comme l'est à celui qui l'éprouve tout sentiment de cette nature ; mais que cette envie, cette haine, sont complètement injustes, froissent l'honneur, l'amour de la patrie, qui doivent être chers à tous les cœurs désireux d'estime, puisque la différence de position qui les excite provient d'un établissement rationnel, conforme aux intérêts de la nation, et par suite à ceux de tous ses membres ; 2° que le mépris ou le dédain de l'homme riche à l'égard des pauvres qui travaillent avec assiduité pour le bien général — lequel, très-évidemment, résulte de la somme des avantages conquis par les intérêts particuliers, — sont des contre-sens également réprouvés par l'équité, par l'honneur, par l'amour de la patrie. Or, il y a tout lieu de croire que, sous l'influence de ces modifications dans les pensées, qui s'infiltreront de plus en plus dans la population, les dissentiments entre les pauvres et les riches se calmeront de plus en plus, et finiront par s'éteindre. On ne peut l'oublier sans blesser la raison, il est utile aux pauvres qu'il existe dans le pays des hommes qui *puissent* (quand ils le voudront), les secourir au besoin avec le superflu qu'ils auront su se réserver; il est utile aux riches qu'il y ait auprès d'eux un grand nombre d'hommes laborieux, actifs, propres à transformer, pour l'usage de tous, les biens imparfaits que nous offre la nature. Il est juste d'une part que ces hommes laborieux se contentent de leur position, et d'autre part qu'ils aient à souffrir de cette position aussi peu qu'il èst possible ; observations précises d'où nous déduisons la conséquence que les uns doivent être modestes à l'égard de ceux qui seront peut-être leurs bienfaiteurs ; que les autres commettraient une grave inconvenance en ne combattant pas les fâcheux sentiments que suggèrent trop souvent l'orgueil et la vanité dans les rapports que l'état social fait naître entre eux et ces hommes qui remplissent avec courage leurs devoirs sociaux, lorsque eux-mêmes respectent à l'égard de leurs supérieurs les convenances que réclame l'état de civilisation.

On voudra bien, je pense, comprendre cette doctrine telle que je l'expose : je ne prêche pas une égalité impossible, mais le respect réciproque manifesté sous des formes diverses.

II. — Des réflexions pareilles s'appliquent aux relations qui interviennt entre les *administrateurs* et les *administrés*. — Très-certainement les fonctionnaires de l'État, juges, financiers, militaires, et en général tous ceux qui sont dépositaires d'une part quelconque de la puissance publique, ne doivent pas perdre de vue que s'ils sont utiles à la nation, aux agriculteurs, aux industriels, à tous les simples particuliers, ceux-ci le sont également à eux fonctionnaires, par les contributions qu'ils apportent au trésor public, et à la nation tout entière par les produits des travaux qu'ils accomplissent ; qu'en conséquence la dureté ou l'orgueil qu'ils affecteraient à l'égard de ces simples particuliers seraient aussi injustes que déplacés ; mais d'un autre côté il faut reconnaître que, dans l'intérêt général, les fonctionnaires ne peuvent user de la mansuétude conseillée par notre observation qu'à une condition ; c'est que les administrés n'oublieront pas que le maintien du bon ordre leur commande l'obéissance, le respect (hiérarchiquement mesurés) pour ces fonctionnaires dont le savoir, les travaux, l'habileté impriment aux affaires de l'État une marche régulière. Là encore les dissentiments s'atténueront et cesseront sous l'influence des invitations que présentent à tous la raison, l'équité, l'amour de la patrie.

III. — Les distinctions de castes ont été rayées de nos lois ; il y a encore des nobles en France, mais il n'y a plus de roturiers. La noblesse a été l'avant-garde de la civilisation ; elle a donné par ses libéralités des encouragements à l'industrie, et par sa valeur guerrière de brillants exemples qui ont élevé le caractère national. Les non-nobles, aussi bien par respect du passé que par esprit de conciliation, doivent rejeter loin d'eux tout sentiment d'envie ou de haine rétrospective contre les descendants des anciens chefs de guerre ou de justice; de même ceux-ci, par amour de la paix, par respect pour la loi divine, doivent abdiquer toutes les tendances à l'orgueil qu'ils pourraient puiser dans les souvenirs d'autrefois, à l'égard de leurs concitoyens dont les ancêtres n'ont pas occupé dans la société le même rang que les leurs; n'oubliant pas d'ailleurs que les ancêtres industriels ou laboureurs de ceux-ci ont aussi apporté leur très-utile contingent dans les sources de prospérité de la patrie commune.

Sur ce point la conciliation est donc encore probable. Chacun de nous peut contribuer à ce désirable événement. Le point d'honneur comme l'équité engage les uns et les autres à cette coopération.

IV. — Le désir d'attirer les regards, d'obtenir la considération, le respect, peut adopter deux directions différentes. Dans l'une, il se propose d'arriver au but souhaité par un fastueux étalage de richesses, de titres, d'insignes éclatants ; par l'ostentation, le luxe, la prodigalité. Dans l'autre direction, il choisit pour moyens la régularité des mœurs, une bienfaisance modeste qu'alimente la simplicité des habitudes, un langage mesuré, persuasif, tendant à inspirer aux auditeurs l'amour de la patrie et de l'humanité.

La première de ces routes, nous le savons trop, est pratiquée en France beaucoup plus que l'autre. Pourtant elle n'est pas la bonne ; car nous savons aussi combien elle est hérissée d'obstacles ; combien, devant les espérances ou même devant les succès des triomphateurs pullulent d'envieux et de rivaux ; combien sa gloire apparente est mélangée d'amertume. Les déceptions pour l'ambitieux immodéré se produisent sous mille formes et souvent elles le font arriver non à la gloire, mais à la douleur et à la ruine. Il est même impossible que ce plaisir qu'il recherche d'écraser des rivaux, de désoler les envieux, ne soit pas accompagné de quelques remords, puisqu'il est contraire à la loi d'affectueuse concorde. La voie de la bienfaisance et de la modestie est plus paisible et plus sûre; elle séduit moins les imaginations; mais au lieu d'éblouir les yeux par des mirages éphémères, ce sont des satisfactions profondes et durables que le succès fait pénétrer dans les âmes.

Puisqu'il en est ainsi, puisque le système de modeste bienfaisance a tant d'avantages sur l'autre, pourquoi est-il si délaissé, tandis que la foule se précipite dans la périlleuse carrière des ambitions démesurées de richesses, de pouvoir, de distinctions de toute sorte, même de celles qui ne peuvent contenter qu'une puérile vanité?

Pourquoi? parce que depuis longues années l'élan est donné dans ce sens aux esprits et aux habitudes. Cependant le mal (très-étendu), n'est pas irrémédiable ; il y a lieu de croire que le mouvement excité par notre désir natif et très-légitime d'obtenir l'assentiment de nos semblables serait changé de direction si quelques hommes remarqués abandonnaient le premier système et adoptaient ouvertement, pratiquement, le second. — Les hommes du vulgaire aspirent le plus ordinairement aux ornementations, parce qu'ils voient ceux qui occupent les rangs supérieurs se livrer à ces fâcheuses tendances ; alors le désir de briller, de l'emporter sur autrui, même par des avantages futiles, descend d'étage en étage ; les superpositions de vanité étant établies, chacun veut s'élever au degré qui le précède immédiatement, ou singer celui qui l'occupe. Il est fort probable que cette fièvre de vanité, de rivalité, se détendrait, se guérirait peut-être, si elle ne recevait plus d'aliments. Du reste, nous pouvons espérer que, même sans cette réversion d'en haut demandée à quelques personnes, le changement souhaité pourra s'accomplir. Les Français, avons-nous dit, tous les Français, savent que n'étant pas des êtres purement sensitifs, chacun a une volonté qui lui appartient en propre ; qu'ils ne sont pas contraints par des instincts, par des habitudes, d'obéir aveuglément à un élan, actuellement nuisible, venu du passé ; qu'ils ont le pouvoir de modifier leurs pensées et leurs actes, pour se rapprocher de plus en plus de la dignité morale et du bonheur; tous peuvent comprendre que tel serait le résultat du changement proposé dont j'indique les avantages ; avantages qui profiteraient aux inférieurs, en calmant leurs passions haineuses dont ils détruiraient les causes, et aux supérieurs qu'ils délivreraient de la vanité inquiète, de l'insatiable et ombrageuse ambition. Si j'étais écouté, les nouveaux sentiments, avant d'avoir transformé totalement les cœurs, manifesteraient leur apparition par cette politesse *réciproque* diversement nuancée qui existe déjà dans nos mœurs, et prendrait une prompte extension ; ce serait déjà une conquête ; puis successivement la bienveillance cordiale, motivée par les nouvelles directions intellectuelles, prendrait place dans toutes nos relations, et une cause de dissentiments, qui offre pour tous beaucoup de périls, aurait été éliminée.

Quelques personnes (un fort grand nombre peut-être) penseront que les réflexions exposées dans ce chapitre sont un simple *desideratum*, qui ne mérite qu'une faible attention ; elles se trompent ; elles changeront, je crois d'avis, en considérant que ces réflexions marquent, sans rien emprunter à l'imagination, *à la folle du logis*, ni à la *sentimentalité*, le développement rationnel d'un principe qui a le mérite, fort grand, selon moi, de conduire à une tendance marquée vers cette noble générosité, qui honore tant l'existence humaine, et aussi cet autre de favoriser, pour tous et pour chacun, le succès de ce mobile, inférieur à l'autre et néanmoins fort légitime : l'*intérêt bien entendu*.

CHAPITRE VII

L'OPINION PUBLIQUE

J'ai invoqué, pour la réalisation des vues qui précèdent, le bon sens de chacun. Mais j'espère les voir soutenues en outre par un autre secours que je vais indiquer. Une opinion individuelle, quand elle porte sur des questions capitales qui commencent à être environnées de quelque lumière, se trouve bientôt unie à une deuxième opinion pareille, puis à une troisième, à une millième; et lorsque les sentiments ainsi groupés ont formé ce faisceau qu'on nomme l'*opinion publique*, ils se propagent avec une surprenante rapidité ; l'opinion publique devient irrésistible ; c'est elle qui viendra couronner l'œuvre annoncée.

L'expérience a montré que l'opinion publique, quand elle marche d'accord avec la loi divine, avec la nature des choses, produit des effets qu'on aurait peut-être vainement attendus de toute autre influence, même de la puissance gouvernementale. C'est l'opinion publique — secondant la volonté d'en haut — qui a répandu dans le monde le christianisme, malgré tant d'obstacles contre lesquels il lui fallait lutter ; c'est elle qui, dans presque toute l'Europe, a délivré les serfs des liens dont les avaient chargés la barbarie et le moyen âge ; c'est elle qui, en France, a développé, avec l'institution de la chevalerie, puis fortifié, puis popularisé le sentiment de l'honneur, auquel les relations sociales doivent la cohésion qu'elles conservent encore. C'est l'opinion publique, ainsi qu'on le voit dans l'ouvrage récent de M. de la Guéronnière dont nous parlerons plus loin, intitulé : *Le droit public et l'Europe moderne*, qui a, en quelque sorte, forcé les princes et les parlements à décréter l'abolition de plusieurs lois anciennes nuisibles au bien-être et à l'industrie des populations.

Regardons attentivement ce qu'elle peut faire pour notre doctrine.

Les résolutions proposées ci-dessus portent certainement sur des questions capitales ; nous pouvons donc croire que l'opinion publique s'en occupera, et fera des efforts pour qu'elles soient adoptées. Elles portent sur des questions capitales, puisqu'il s'agit de la sécurité publique si nécessaire à toute la nation ; puisque, adoptées, elles auraient pour effet d'accroître en de larges proportions le perfectionnement moral et le bonheur de tous les habitants de la France. Ces questions, d'ailleurs, commencent à être environnées de lumière, car nous avons montré, et il est facile de reconnaître, que les résolutions indiquées sont en accord avec la loi voulant que tous les hommes contribuent au bonheur les uns des autres ; qu'elles sont aussi en accord avec la *nature des choses*, ce qui n'est pas moins évident, puisqu'elles dérivent des dispositions intellectuelles que nous avons remarquées dans le caractère français ; puisqu'il est dans la nature des choses que les hommes aspirent à être aussi honorés et aussi heureux qu'ils peuvent l'être. Ces résolutions sont en outre appuyées sur une force réelle, qu'il est très-facile de développer : le pouvoir que possède le très-grand nombre d'hommes intéressés à leur adoption d'attribuer la considération, le respect, à ceux qui les auraient propagées, et qui conséquemment seraient plus que tous les autres dignes de faveur. Tous la désirent cette faveur publique, même les hommes qui semblent n'y attacher qu'une faible importance. Ils allèguent quelquefois, pour dissimuler ce désir quand il n'est pas satisfait, que la faveur publique s'égare souvent, et est accordée à l'intrigue, à des combinaisons plus funestes qu'utiles au bien public, plus réprouvées par la morale que bienfaisantes pour ses progrès; mais ce prétexte ou ce motif allégué ayant disparu, la force légitime dont dispose l'opinion reprendrait sur ceux-là comme sur les autres tout son empire.

La première impulsion une fois efficacement donnée, les écrivains, les orateurs, ne pourraient plus obtenir de succès qu'en célébrant les dispositions dont on aurait compris les salutaires effets. L'opinion publique repousserait les écrits, les discours qui prendraient une autre direction, qui persisteraient à vouloir maintenir des dissentiments entre les différentes fractions du corps social; elle les traiterait, sinon comme des ennemis de la patrie, au moins comme des esprits aveugles, dangereux, auxquels on ne peut accorder ni son estime ni des applaudissements.

CHAPITRE VIII

LES FORMES DE GOUVERNEMENT

« Un peuple, dit-on, a le gouvernement qu'il mérite. » — M. Passy, dans l'ouvrage précité, enseigne que chaque peuple partage avec son gouvernement le pouvoir de régler les intérêts de tous, de disposer du sort et de la liberté des particuliers, dans des proportions qui varient suivant les circonstances physiques et morales qu'il décrit ; nous avons succinctement analysé ces circonstances ; puis nous avons fait remarquer que le plus grand, et pour ainsi dire le seul obstacle qui, en France, s'oppose à ce que le pouvoir réglementaire reste, sans danger pour l'équité rationnelle et le bien public, entre les mains d'une *intelligente démocratie*, se trouve dans les dissentiments qui existent entre les diverses fractions du corps social.

Qu'est-ce qu'une DÉMOCRATIE? « La nature du gouvernement monarchique, dit Montesquieu, est que le prince y ait la souveraine puissance, mais qu'il l'exerce suivant les lois établies;

« Celle du gouvernement républicain, que le peuple en corps ou seulement une partie du peuple ait la souveraine puissance.

« Quand la souveraine puissance est entre les mains d'une partie du peuple, cela s'appelle une aristocratie ;

« Quand le peuple en corps a cette puissance, c'est une DÉMOCRATIE. »

Par le mot peuple il faut entendre la collection de tous les habitants du pays, riches, pauvres, gouvernants et gouvernés, et non pas, comme on l'a fait, comme on le fait encore, abusivement et iniquement, les pauvres, les ignorants, en excluant de la communauté, en mettant pour ainsi dire hors la loi, par la qualification d'*aristocrates*, les hommes qui peuvent le mieux honorer et servir la patrie. Le gouvernement démocratique, si on persistait dans cette erreur, serait certainement le pire de tous les gouvernements.

Il y a des expressions dont l'amour de l'humanité, le respect de soi-même, l'amour de la patrie veulent, qu'on s'interdise l'usage, parce qu'elles sont un indice de haine, de dédain ou de mépris ; c'est, on le comprendra, la signification plausible du mot peuple que nous acceptons, celle qui s'applique à la collection tout entière, celle qui réclame impérieusement que le gouvernement, quel qu'il soit, respecte les droits de tous sans exception ; et nous disons que si les réflexions qui précèdent étaient effectivement portées dans la pratique, les dangers qu'offre ordinairement la forme démocratique disparaîtraient. De ce fait nous déduisons la conséquence que chacun de nous en particulier, petits et grands, électeurs et non-électeurs, peut contribuer à l'adoption rationelle de telle ou telle forme de gouvernement; faire en sorte que la forme démocratique elle-même, s'il était possible de s'y arrêter, n'enfante ni troubles ni révolutions. Comprenons bien la portée de cette observation; elle offre, pour chaque personne, une belle tâche à remplir.

Le gouvernement en France, suivant les lois nouvelles, est républicain. Le chef de l'État est nommé et non héréditaire. Il y a lieu de croire que cette république durera, si les dissentiments entre les diverses fractions de la société n'exigent pas, pour la sécurité commune, que les ressorts soient plus fortement tendus. L'accomplissement de cette condition semble tout à fait nécessaire au maintien de la forme actuelle. M. Passy, en reconnaissant (p. 461) « la supériorité qui appartient, au point de vue spéculatif, à la forme républicaine, et qui de tout temps et partout a milité en sa faveur », exprime l'opinion, appuyée sur les faits historiques dont il donne l'explication, que les grandes monarchies ne se transformeront pas en républiques durables, « à moins, dit-il (p. 467), qu'il ne survienne dans la situation, le tempérament, les tendances et les aptitudes des nations de l'Europe, des changements que n'annonce aucun signe précurseur, et auxquels les enseignements du passé défendent de croire. » — Nous venons d'indiquer comment ces changements seraient plus faciles en France qu'en d'autres pays, grâce aux tendances et aux aptitudes nationales ci-dessus indiquées.

Pourtant il est possible — car rien n'est

éternel en ce monde — que les Français reviennent plus tard au gouvernement héréditaire. Pour ce cas, et sans rien préjuger, je présente les deux conseils suivants, offerts avec toute la réserve que le sujet comporte. Il me semble qu'il serait bien alors, pour assurer la sécurité à venir aussi bien que la liberté,

1° De faire élever les fils du roi, non pas dans la maison paternelle, à la cour, mais dans un autre édifice que le palais, si ce ce n'est dans une autre ville, et de les placer sous la tutelle d'un gouverneur qui aurait pour *instruction* capitale de ne pas entretenir ces princes, ni dans leur enfance, ni pendant leur jeunesse, de leur haute situation, de la grandeur du rang qu'ils occuperont dans le monde (on ne gouverne plus maintenant par le *prestige*); mais de les occuper beaucoup des devoirs auxquels sont astreints les hommes dont les talents et les vertus peuvent exercer une notable influence sur les qualités morales et sur les destinées d'une nation. Le gouverneur ferait apparaître ce système de pensées dans toutes les habitudes de ses élèves; il devrait avoir lu et relu une multitude de fois, et médité, en réfléchissant aux transformations que réclament les circonstances nouvelles, le beau livre de Fénelon.—Le roi, la reine, les princesses, ne verraient leurs fils et leurs frères que dans la maison de ceux-ci, et à la condition qu'ils voudraient bien s'inspirer de l'esprit du mentor et de l'ouvrage qui le guide.

2° D'obtenir du roi qu'il voulût bien se contenter de richesses et de prérogatives modérées, qui ne le placeraient pas tellement au-dessus des autres hommes, qu'il pût oublier — comme l'ont fait quelques monarques — « que de la même argile ils ont été pétris ». Cette opinion, contre laquelle il serait bon que le prince voulût bien se prémunir pour la direction de ses propres pensées, est dangereuse surtout à cause de l'influence qu'elle exercerait sur les fonctionnaires qui approchent du trône. S'ils recevaient de trop larges rémunérations, sous quelque forme que ce soit, ils pourraient concevoir pour eux l'illusion que signale le poète, se croire trop supérieurs sous tous les rapports à leurs concitoyens; et, ces prétentions ou ces opinions gagnant de proche en proche, ne manqueraient pas d'accroître les dissentiments dont nous nous sommes occupés, lesquels prennent le plus ordinairement une très-grande part dans les troubles sociaux.

On concevra bien, d'après ce qui précède, que mon observation ne conseille nullement une austérité lacédémonienne; elle se borne à demander aux hommes une juste modération adaptée à nos mœurs présentes. Les prééminences fastueuses ont été utiles en d'autres temps pour frapper les imaginations, pour inspirer aux inférieurs une crainte révérentieuse qui était profitable à la paix publique; aujourd'hui cette tentative théâtrale présenterait beaucoup plus d'inconvénients que d'avantages. On sait maintenant que ce qui a été nommé le *prestige* conduit, comme toute illusion, à des fautes et à de douloureux réveils.

On supposerait à tort que, dans une monarchie constitutionnelle, les talents, les *dispositions morales* du roi ne sont pas de la plus grande importance. Tant de personnes sont intéressées à partager les opinions du prince, à ne pas donner des avis qui pourraient lui déplaire, à lui cacher les vérités qui contrarieraient ses desseins, que la manière de penser et d'agir de ce chef suprême rayonne dans tout l'État, soit en bien, soit en mal, et y apporte ou la paix ou la discorde :

Regis ad exemplar totus componitur orbis.

On doit donc s'occuper avec un soin extrême de l'éducation du futur monarque, de l'attitude qu'il prendra pendant son règne.

Les hommes ne vivent en paix, n'accomplissent leurs véritables destinées qu'autant qu'ils sont guidés par une idée commune, par un PRINCIPE qui donne une semblable impulsion à leurs intérêts et à leur volonté. La bienveillance réciproque, l'amour de l'équité — attribuant la considération publique à ceux qui la méritent réellement — la générosité, la grandeur d'âme, dispositions que l'on peut concentrer presque totalement dans une pensée commune : l'*amour de la patrie*, constituent un principe essentiel ; et ce principe, auquel se joignent, par une tendance naturelle, le sentiment religieux, le courage, l'amour du travail, assure la durée, la prospérité d'un État, beaucoup mieux que ne peuvent le faire la *crainte* dans le gouvernement despotique, ou le *désir des distinctions* et des préférences, que Montesquieu lui-même appelle un *faux honneur*, ou même que la *vertu politique*, comme la comprenaient et la pratiquaient les Grecs et les Romains.

L'amour de la patrie que nous recommandons, guidé par la lumière du christianisme, n'est pas non plus, on le comprendra facilement, le sentiment exclusif et injuste qui animait ces Grecs et ces Romains que l'on nous présente trop souvent pour modèles.

CHAPITRE IX

FRATERNITÉ — SOLIDARITE

C'est avec intention que je n'ai pas écrit dans les pages précédentes les mots *fraternité, solidarité*. Je me suis abstenu d'employer ces expressions très-usuelles, parce qu'elles me semblent inexactes, au point de vue positif et pratique auquel je me place. Il faut, je crois, les abandonner aux ornements de la poésie et de l'éloquence. Tout ce qui s'éloigne de la claire vérité ne frappe que transitoirement les esprits, et nuit presque toujours par son voisinage aux observations appelées à faire naître de solides et durables déterminations. Les mots fraternité, solidarité, mêlés à des observations positives, me paraissent être dans ce cas.

I. — Les hommes qui occupent les divers degrés de l'échelle sociale peuvent (et doivent, à mon avis) être liés les uns aux autres par des affections réciproques qui seront bienveillance chez les uns, gratitude chez les autres ; mais ils ne sont pas frères, comme le sont les enfants d'un même père, élevés sous le même toit; or je regarde comme certain que, pour être bien compris, pour arriver à des résultats solides, il est nécessaire de ne pas donner un même nom à des objets non identiques, à des situations différentes. Chacun peut apercevoir quels exemples fictifs ou réels je pourrais apporter à l'appui de cette assertion.

II. — L'expression *solidarité* n'est pas, dans un ouvrage précis comme je voudrais que fût celui-ci, plus acceptable que l'autre. L'homme laborieux, économe, sage administrateur de ce qu'il possède, n'est pas le codébiteur, le *débiteur solidaire*, le débiteur responsable des engagements contractés par le paresseux, le dissipateur ou le prodigue. Les défauts de ceux-ci portent préjudice à la société dont ils font partie et à chacun de ses membres ; ils entravent leur marche vers le bien ; très-évidemment, ni cette société, ni aucun de ceux qui lui appartiennent n'est dans l'obligation de réparer envers les particuliers les préjudices causés par des engagements irréfléchis ou coupables. Or une telle obligation serait la conséquence légale de la solidarité. On doit donc s'abstenir de prononcer, sans explication, ces mots trop usités : *la solidarité humaine*. Si l'homme laborieux, économe, vient au secours du prodigue ou du maladroit, il se détermine à cet acte de bonté librement, par les motifs de bienveillance ou de respect pour la loi divine que nous avons énoncés, non parce qu'il peut être considéré comme son obligé.

Ces observations que je note sont bien au fond de tous les esprits ; mais elles s'y trouvent assez ordinairement sous une forme obscure qu'il était bon d'élucider. Il ne faut pas s'exposer à être confondu avec les hommes qui imprudemment, ou dans un but inavoué, ont employé ou emploient avec trop de largeur, en dehors de la poésie et de l'éloquence, les mots pathétiques : fraternité, solidarité.

CHAPITRE X

LE LUXE

Le luxe dont je vais parler est celui qui réclame des dépenses excédant les ressources annuelles ou capitales de l'État dans lequel il se déploie, ou du père de famille qui s'en fait une parure. J'appelle ce luxe *exagéré*, pour le distinguer de celui auquel on peut donner la qualification de *légitime*, auquel cette qualification est due, parce qu'il est en accord avec la fortune de l'État ou du père de famille, et lui laisse, chaque année, un superflu dont il peut user, dont il use ordinairement pour soulager des souffrances ou créer des établissements utiles. Le plus simple aperçu montre que ce qui est luxe exagéré pour un homme ayant la fortune 10, est luxe légitime pour celui possédant la fortune 20 ou 30.

Le luxe exagéré est un signe de décadence pour les États, aussi bien qu'une cause de ruine pour les particuliers. Il y avait du luxe à Capoue lorsqu'elle a été forcée de se donner aux Romains. Il y en avait à Rome lorsqu'elle s'est soumise au sceptre qui a passé successivement entre les mains de Tibère, de Caligula, de Claude, de Néron. Il y avait du luxe à Constantinople quand elle a été conquise d'abord par les princes latins, puis par Mahomet II.

Un père de famille veut, au moyen du luxe exagéré, attirer les regards; peut-être se flatte-t-il de l'espoir d'obtenir la considération. Le plus souvent il échoue sur les deux points. Si les regards se dirigent pendant quelques instants sur lui, ils n'ont rien qui satisfasse pleinement ses désirs; quelques personnes semblent admirer sa fortune; mais les discours tenus par la plupart des éclipsés ne célèbrent guère ses louanges, et s'il n'entend pas ces discours, il peut facilement les imaginer. D'autre part, les illusions que peuvent lui procurer la cécité ou les enivrements de la vanité sont troublées par des inquiétudes qui surgissent presque toujours, comme des ombres funestes, au milieu même du triomphe; inquiétudes qui lui montrent les perpectives d'un avenir honteux ou misérable. Quant à la considération véritable, elle est toujours refusée à ces imprudents, et n'est attribuée qu'aux hommes qui remplissent leurs devoirs, en faisant naître la confiance qu'ils les rempliront également dans l'avenir. La considération publique n'est due qu'aux hommes qui offrent des exemples continus de sagesse et de régularité à leur famille et à leurs contemporains; à ceux qui agrandissent le domaine moral de l'humanité par la science, par la poésie, par les arts, ou accroissent ses richesses à l'aide de l'industrie et du travail; à ceux qui, par des économies correctement mesurées, créent à tout instant un superflu dont ils font un généreux emploi. Le luxe exagéré détruit la confiance, éloigne du travail, éteint les conceptions persévérantes, met un obstacle absolu aux bienfaisantes épargnes. On voit trop souvent que le dissipateur engage contre la probité des luttes dans lesquelles celle-ci n'obtient pas toujours la victoire. Les exactions pécuniaires qu'exige presque toujours le luxe exagéré sont, chez quelques peuples, des plaies saignantes, des sources aussi bien que des indices d'avilissement qui retardent pour eux tous les développements de la moralité. Elles sont très-rares en France, parce que le sentiment de l'honneur, profondément entré dans le caractère national, leur oppose un puissant obstacle; néanmoins il serait à craindre que des habitudes de luxe trop longtemps prolongées, modifiant les mœurs et les opinions, n'arrivassent à miner cette barrière que l'honneur oppose à la vénalité, et à la faire crouler.

On dit en faveur du luxe qu'il offre des aliments au commerce, des encouragements à l'industrie ; que, sans les occasions incessantes de dépenser qu'il provoque, les personnes riches enfouiraient leur superflu, au lieu de le livrer à la circulation pour le plus grand avantage de tous.

Cette objection semble péremptoire à quelques personnes qui trouvent dans ces spécieuses considérations un prétexte pour s'abandonner à des excès que leur bon sens repousse, et que leur vanité réclame. Je réponds : Le grand luxe, en effet, favorise quelques branches de commerce ; mais ces commerces de dorures et de superfluités, n'ont, dans l'ensemble, qu'une médiocre importance, et le luxe légitime suffirait pour qu'ils ne périssent pas. Ce commerce de superfluités offre peu d'aliments aux affaires qui portent sur les objets dont la possession et la transmission sont les bases de la véritable prospérité nationale, sur le commerce des objets nécessaires. Si la suppression de l'excès privait quelques négociants d'une partie des bénéfices qu'ils obtiennent chaque année, elle ne produirait aucune diminution considérable sur le mouvement commercial de la nation; et par la suppression du luxe exagéré, la France serait plus riche, parce qu'on aurait diminué les dépenses improductives; plus heureuse, parce qu'elle aurait plus de moralité.

Vous craignez que les personnes riches, si elles n'étaient pas sollicitées par l'amour du grand luxe, ne laissassent des trésors enfouis dans leurs coffres. Mais un autre mobile que celui-là peut les engager à ne pas entasser leur or; il est fort probable que, délivrées des exigences de la vanité, elles tourneraient leurs pensées vers d'autres aspects; que, pour obéir à la loi de bienveillance, pour mériter de plus en plus l'estime publique, elles aspireraient davantage à contribuer dans toute la mesure de leur pouvoir au bonheur de leurs semblables, en distribuant les sommes que leur aurait laissées l'épargne, sous forme de vêtements, d'aliments, aux familles laborieuses privées par des causes accidentelles de leurs salaires quotidiens, ou en faisant construire des maisons champêtres, des lieux de retraite, des hospices pour ceux qui ont besoin d'asiles. Or, pour tirer du sein de la terre et convertir aux usages humains les matières diverses qui peuvent donner ces aliments, ces vêtements, ces maisons, des travaux auront été nécessaires; ces travaux auront dû être rémunérés; l'or du riche ne sera donc pas resté oisif dans ses coffres; il aura été mis en circulation, et on ne peut disconvenir que l'emploi qui vient d'être indiqué n'ait été plus utile, et à un plus grand nombre de personnes, que ne l'auraient été les dépenses consacrées aux illuminations, aux décors, aux toilettes d'un bal ou d'un repas somptueux. Ceci ne tend pas à dire qu'on doive se priver des amusements que procurent la civilisation et les richesses ; qu'on doive supprimer les bals, les parures et les festins ; on doit seulement en induire qu'il est bien de circonscrire le nombre de ces fêtes dans un certain cercle, et d'en restreindre l'usage. Je fais d'ailleurs remarquer, à cette occasion, que le bonheur en ce monde n'existe pas uniquement pour ceux qui peuvent offrir des fêtes et des festins ou y prendre part, mais qu'il provient encore de plusieurs autres sources, de telle sorte que les familles qui en sont sevrées ne sont pas toujours les plus à plaindre.

Le luxe exagéré a pu introduire quelques

avantages transitoires dans les siècles voisins de la barbarie; il pouvait être profitable à une nation, à tous les peuples (comme nous l'avons déjà énoncé), que certaines familles marchassent en avant de la civilisation, en favorisant l'expansion des arts et d'une habile industrie. Bornant mes observations au temps présent, je n'examinerai pas si ces avantages ont été *trop chèrement achetés* par les contemporains. Aujourd'hui la position est changée; les effets utiles sont produits, la civilisation — au moins la civilisation externe et matérielle — est éclose. Nous devons veiller, et agir contre les excès qui nous menacent; le luxe exagéré n'enfanterait plus maintenant que la mollesse et la vénalité.

Ici, j'appelle encore à mon aide, pour combattre ces excès, l'opinion publique, qui peut les faire disparaître presque subitement, si elle veut-bien s'inspirer des réflexions qui précèdent, et n'accorder l'estime et la considération qu'aux hommes qui se rendent réellement utiles à leurs concitoyens. Il est certainement dans l'ordre que l'on défère les premières places dans l'estime publique à ceux qui servent le plus les intérêts de tous.

CHAPITRE XI

LE CODE PÉNAL ET LA POLICE

« Conseiller les hommes, c'est leur présenter des motifs d'agir qu'ils ignorent. » (Vauvenargues.) J'espère que les motifs d'agir exposés dans le présent écrit pourront faire impression d'abord sur quelques personnes, puis sur un plus grand nombre ; et qu'étant adoptés, ils amélioreront le sort de l'humanité.—Je prie qu'on me pardonne cette présomption ou cette espérance, qui est un peu nécessaire pour qu'on se donne la peine d'écrire ;— mais la politique doit prendre cette humanité telle qu'elle est, et concerter ses dispositions suivant l'état du moment. Aujourd'hui, en France et en beaucoup d'autres lieux, la religion et la morale ne règnent pas souverainement, n'ont pas que des sujets reconnaissants et soumis; en conséquence, pour que l'ordre subsiste au sein des États, il est nécessaire que les hommes qui enfreignent les prescriptions de la probité et de l'honneur, ou qui seraient tentés de les oublier, soient menacés ou punis par la force sociale. Des lois pénales doivent arrêter les coupables, et protéger ceux que les passions et la turbulence de ces adversaires exposeraient à des périls. — Les lois pénales actuelles sont beaucoup moins sévères dans la plupart de leurs dispositions que celles qui régissaient les siècles antérieurs; désirons qu'elles puissent encore être adoucies; mais des règlements de cette nature seront toujours indispensables, parce que toujours quelques-uns des habitants de notre globe tenteront des efforts pour s'approprier le bien d'autrui et pour supprimer violemment les obstacles qui s'opposeraient aux élans de leur cupidité.

La religion et la philosophie ont fait reconnaître que la société n'a pas seulement le devoir de punir les coupables, mais encore celui de les corriger, de les rendre meilleurs. La société l'essaye; peut-être avec trop peu de succès quant à présent; mais enfin, elle l'essaye; et c'est déjà une conquête pour les principes. Toutefois il importe de ne pas s'avancer trop vite et trop loin dans cette voie. Une certaine philosophie est allée jusqu'à demander, même pour les cas de meurtre prémédité, l'abolition de la peine de mort. Cette philosophie fausse le principe. On a constaté que l'application de la peine de mort est le frein le plus efficace que l'on puisse opposer aux passions fougueuses, aux institutions féroces de l'égoïsme sanguinaire; la société doit donc conserver contre les meurtriers cette peine, qui est une partie rationnelle de la loi du talion ; elle est la protectrice de l'équité, comme de l'ordre social. Si la loi pénale était trop indulgente pour ces sortes de crimes, les particuliers voudraient sévir eux-mêmes contre l'assassin ; les parents se feraient, avec quelque raison, un point d'honneur de le poursuivre, de le frapper ; on retomberait dans les mœurs barbares.

Les soins que la police administrative donne à diverses dispositions que réclame la vie en commun, telles que l'approvisionnement des marchés, la salubrité des villes, le règlements des rapports qu'entretiennent les habitants entre eux se rattachent à la politique générale, en ce qu'ils préviennent les souffrances que le désordre entraîne toujours avec lui et les conflits perturbateurs, source de mille inimitiés ; ils contribuent ainsi puissamment à maintenir la paix, à faire aimer la tutelle du pouvoir central. Par ces règlements, par ces soins assidus, le gouvernement devient un bienfaiteur, un auxiliaire, un ami, pour les hommes qui aspirent à voir s'accroître sans cesse le bonheur de tous.

Les lois pénales sont nécessaires, les règlements de police offrent une utilité de premier ordre; cependant, à ce qui vient d'être énoncé sur ce point, ajoutons une explication restrictive qui fera comprendre notre pensée tout entière. La crainte du châtiment arrêtera les endurcis, comme l'espoir des récompenses fait marcher les calculateurs; mais il faut souhaiter que cette crainte ne soit pas le principal mobile de nos actions, elle ferait perdre toute grandeur au caractère national; rappelons ici ce qui a été dit plus haut sur le devoir de bienveillance réciproque et sur les avantages de l'urbanité.

« La civilité, dit Fleury, fait partie de la

morale. Il ne suffit pas de garder les devoirs essentiels de la probité ; il faut aussi garder ceux de la société. L'incivilité vient de l'orgueil ou du mépris que l'on a pour les autres, ou de la paresse à s'instruire de ce qu'on doit à son prochain. Mais il ne faut pas se contenter des apparences, et faire consister la civilité dans une habitude de déguiser ses sentiments pour témoigner aux autres le respect ou l'amitié que, le plus souvent, on n'éprouve pas. La civilité véritable consiste à nous abstenir de ce qui peut incommoder les autres ; à être doux, modeste et patient. Un petit mot obligeant bien placé fait plus de plaisir que tous les grands compliments qui ne viennent pas du cœur. »

Je reconnais bien les mérites de la sincérité dont parle cet auteur ; je pense qu'elle est la base de tout ce qu'il y a de meilleur parmi les hommes ; pourtant j'estime que l'apparence (si on ne peut faire mieux) est encore préférable à la rudesse et à la grossièreté.

Dans le siècle dernier, la noblesse semblait avoir le monopole des manières polies. Les autres personnes tâchaient de se *distinguer*, de se rapprocher d'elle, en prenant des façons d'agir et de parler semblables aux siennes ; mais, sous peine de ridicule, cela n'était permis qu'à celles que leur position sociale plaçait à une faible distance de l'aristocratie ; chez les autres, on aurait vu dans cette politesse une prétention non justifiée, une affectation dont l'entourage, jaloux, se serait moqué. Il n'en est plus de même aujourd'hui. Aucun homme ne peut se dispenser d'être poli, d'éviter la rudesse et la grossièreté ; aucun ne peut redouter qu'on l'accuse d'affectation. L'homme poli, quel que soit son rang social, ne fait qu'adopter, sans prétendre à aucune supériorité, des habitudes qui seront prochainement celles de toute la nation.

Ne critiquez pas, je vous prie, ce que je dis de la politesse et de l'urbanité. On ne trouvera rien de puéril dans ces invitations, si on n'oublie pas que les habitudes de condescendance et de respect pacifient les relations sociales, préparent les lois modérées et les institutions civilisatrices.

CHAPITRE XII

L'ÉDUCATION

L'éducation est l'ensemble des actes qui *conduisent* le néophyte d'un état inférieur à un état plus rapproché du but qu'il faut atteindre. Cet état supérieur consiste, avons-nous dit, à penser mieux qu'on ne le faisait d'abord, à contribuer davantage au bonheur et au perfectionnement de ses semblables.

Le jeune homme, devenu habile dans les lettres et dans les sciences, mais chez lequel n'ont pas été réprimés les sentiments d'orgueil et de dédain pour autrui, ou les dispositions à l'envie, à la haine, que suggère souvent l'égoïsme natif, n'a pas reçu, si notre théorie est plausible, une véritable éducation. La supériorité de ses talents, sauf quelques cas exceptionnels, ne compense pas, au point de vue qu'il faut surtout envisager, les défectuosités de son état moral.

L'éducation est donnée aux enfants par les professeurs, par leurs parents, par les contemporains. Il est désirable que de ces trois sources découle une même doctrine morale; et cette doctrine nous paraît être (sauf contredit), celle ci-dessus exposée.

Les professeurs sont généralement choisis par l'État. Il faut donc, pour qu'il y ait unité dans l'enseignement, et par suite similitude dans les mœurs nationales, sur les points principaux qui rattachent les unes aux autres toutes les volontés, que l'État, qui désigne ces instituteurs de l'enfance et de la jeunesse, ait adopté un système de pensées nettement déterminées; celui, par exemple, qui est indiqué dans le présent essai, ou tout autre que la controverse aurait fait juger lui être préférable; car c'est seulement alors que les chefs hiérarchiques, ayant sous les yeux un type certain, peuvent apprécier les dispositions des maîtres de la jeunesse, et n'accepter pour agents que ceux qu'ils regarderont comme capables d'inculquer dans l'esprit et dans les habitudes de leurs élèves l'intelligence des prescriptions recommandées, avec la volonté de s'y soumettre.

Les enfants, avant d'entendre les leçons des professeurs, ont vécu dans leurs familles; ils ont été vivement et fréquemment émus par les conversations que leur père et leur mère ont tenues devant eux, par les actions dont ils leur ont donné le spectacle; leur esprit a reçu des impressions dont l'influence se fera sentir fort longtemps, et peut-être toujours. Il serait donc également du plus grand intérêt, pour l'éducation des enfants, que les pères et les mères prissent pour règle de leurs pensées et de leurs actions la doctrine qui plus tard sera présentée à ces élèves.

Les enfants aussi écoutent assez souvent avec attention ce que disent devant eux les personnes qui fréquentent la maison paternelle; ils vivent avec d'autres enfants dont le langage et les actions réflètent les pensées de leurs parents. La manière de voir et d'agir d'un fort grand nombre de contemporains d'un autre âge concourt ainsi à façonner leur esprit, à diriger leurs habitudes vers le bien ou vers le mal.

De ces observations il résulte que l'on commettrait une grosse erreur, si l'on comptait sur l'amélioration des générations naissantes sans avoir réussi à éclairer, à rendre moins imparfaites les personnes qui forment la très-grande majorité des ascendants de cette jeunesse; qu'en conséquence nous devons, sous peine d'échouer d'âge en âge dans nos projets de perfectionnement, nous occuper de l'éducation morale de ces ascendants.

L'éducation, on se rappelle notre définition, l'éducation des personnes parvenues à l'âge mûr ou qui en approchent est opérée par l'*exemple*, par les *lectures*, par la *réflexion*. Si dans l'ordre rationnel, les exemples de vertu, de modération, de bienfaisance, de bonté, de dévouement au bien, doivent être donnés par les personnes qui occupent les premiers rangs sociaux, cependant, ainsi que nous l'avons remarqué, les hommes placés moins haut peuvent aussi avoir l'espérance de se rendre utiles à ce point de vue, et leur espoir est fondé sur une puissance réelle, sur celle qui provient de la part qu'ils prennent dans la distribution de l'estime publique, de la *considération*. L'homme obscur qui, par simple esprit d'équité, sans concevoir ni envie ni jalousie, attribue son estime à ceux de ses concitoyens chez lesquels se rencontrent les qualités morales, plutôt qu'à celui qui attire les regards par sa richesse, par les hautes fonctions qu'il remplit, offre à tous un exemple de bon sens et de courage; et de tels exemples, en se multipliant, sont très-profitables à l'éducation morale des populations. Il serait fâcheux que l'ordre rationnel fût interverti, que les plus utiles exemples ne vinssent pas d'en haut; il est très-désirable, dans l'intérêt de tous, que la considération s'attache aux personnes qui possèdent la richesse et le pouvoir; mais si la plupart de ces hommes supérieurs n'avaient pas bien compris leur mission terrestre, il vaudrait mieux que les bons exemples fussent donnés par d'autres que d'être absents de cette société qui ne peut arriver à un état meilleur que par la mise en œuvre de la bienveillance et de l'équité.

II.—Les aliments de la lecture sont fournis par les *journaux*, les *revues* et les *livres*.

Les journaux mettent les concitoyens en communication les uns avec les autres et avec les autorités gouvernementales; ils font connaître à tous les mouvements littéraires ou scientifiques qui s'opèrent dans telles localités auxquelles on s'intéresse plus spécialement, et dans le monde entier ; ils signalent les bonnes actions et les abus; ils font espérer ou offrent effectivement à l'orateur, à l'homme d'État, au publiciste, à l'inventeur, à tous ceux qui s'occupent laborieusement de l'intérêt général, la récompense que souvent ils ambitionnent le plus, la gratitude qui leur est décernée par l'opinion publique.

Les *revues* donnent au savant, au littérateur, au poète, les moyens de faire profiter le public des résultats de leurs travaux dans un exposé plus durable que ne le sont ceux publiés par les journaux et, d'une autre part, d'une étendue plus abordable que ne le comportent les dimensions d'un livre.

Les *livres* contiennent des enseignements élémentaires et techniques qu'on ne trouve pas dans les *journaux* et dans les *revues* ; ils renferment des doctrines décrites avec une méthode et des justifications longuement développées, des récits historiques ou fictifs qui instruisent sérieusement, ou font passer légèrement les heures.

Tout homme doit faire en sorte de consacrer, chaque jour, au moins quelques instants à ces lectures, afin de ne pas laisser son esprit trop exclusivement occupé des soins que réclame son existence physique; mais il est un fort grand nombre de personnes qui ne peuvent attribuer à la lecture qu'une faible parcelle de ce jour rempli par des travaux nécessaires. Parmi les journaux, les revues et les livres, plusieurs énoncent fréquemment des erreurs, de fausses doctrines que très-peu de lecteurs savent constater. Il serait donc fort utile, à ce qu'il semble, que les hommes qui ont plus de loisirs et d'instruction que le grand nombre voulussent prendre le soin de signaler à ces lecteurs les publications qui peuvent leur être le plus profitable ; il serait bien que, à Paris et dans quelques autres villes, il existât une publication spéciale, traitée avec la plus grande attention, dans laquelle les hommes dont nous parlons, qui pour la plupart feraient partie des corps savants, déposeraient leurs observations, leurs jugements laudatifs ou critiques sur presque tous les journaux, revues et livres qui paraîtraient quotidiennement ou à divers intervalles. Une telle entreprise devrait, afin d'inspirer une plus grande confiance, être formée par le gouvernement qui choisirait les rédacteurs. Probablement cette *revue*, hebdomadaire ou mensuelle, trouverait au moins l'équivalent de ses dépenses dans le prix des abonnements, lesquels seraient indubitablement très-nombreux parce que bientôt on considérerait la revue comme un guide précieux que chacun consulterait avec fruit. S'il n'en n'était pas ainsi, le Trésor public y subviendrait, et le législateur regarderait comme très-convenablement employées les sommes consacrées à cet usage, puisqu'il s'agirait non d'une satisfaction passagère, mais de l'éducation publique.

Les commissions littéraires chargées de cette publication directrice s'imposeraient le plus grand respect pour la liberté des opinions; s'exprimeraient avec une modération qui ne se démentirait sous aucun prétexte; elles voudraient prendre imperturbablement l'attitude de juges vénérés ; et d'ailleurs leur action serait tout à fait étrangère aux mesures préventives ou répressives établies par la loi pénale.

Beaucoup de Français ne savent pas lire ; beaucoup préfèrent à la lecture une audition en commun. Pour l'instruction religieuse et intellectuelle, pour l'éducation morale de ceux-là, on prononce des sermons ou des prônes dans toutes les paroisses. On pourrait, en outre, instituer des lectures publiques qui, sans préjudicier aux sermons, seraient faites également dans toutes les paroisses ou communes par des fonctionnaires que désignerait le recteur dans chaque académie. Le recteur choisirait les livres dont il devrait être fait usage, et, d'accord avec le préfet, soumettrait les séances à des inspections, de telle sorte que, pouvant être fort utiles, elles ne deviendraient jamais dangereuses.

III. — La réflexion. — La lecture et les auditions ayant pour but, soit d'acquérir des connaissances professionnelles, soit de satisfaire un louable désir de savoir, soit de se récréer par des narrations attachantes et des images poétiques, produisent sur nous des impressions qui, profondes ou légères, laissent quelques traces dans notre esprit.

Lorsque la pensée évoque ces souvenirs, elle les rapproche, les compare, en tire des conclusions, et celles-ci exercent une influence sur nos desseins et sur nos actions ; cette opération de la pensée *se réfléchissant* sur elle-même est un moyen puissant d'accroître notre force intellectuelle, de diriger convenablement nos résolutions, dans l'ensemble et dans les détails de la vie. On peut affirmer que les pensées d'un homme sont toujours incomplètes, inhabiles à éclairer sa conduite, à élever le niveau de son intelligence, à fortifier sa volonté, lorsqu'elles n'ont pas été accompagnées du travail de la réflexion.

J'ai dit seulement quelques mots de l'éducation des enfants, parce que ces sujets ont été traités dans un grand nombre d'ouvrages spéciaux qui ne laissent rien à désirer. On n'a pas donné la même attention à celle des hommes, et il me semble, par les motifs ci-dessus indiqués, qu'il serait fort nécessaire qu'on s'en occupât davantage. Je présente du reste les observations qui précèdent comme une simple esquisse que la politique, telle que je l'envisage, ferait bien de ne pas négliger.

AUTRE APPLICATION DES MÊMES CONSEILS

Quelques écrivains ont déclamé contre le *salariat*; ils se sont montrés très-scandalisés de ce qu'un homme libre recevait, en échange de son travail, une somme fixée par jour, par mois, ou par année, et proportionnée à l'utilité de son travail. C'est cependant ce qui arrive aux employés et aux fonctionnaires de l'État; mais ces écrivains, subissant l'influence de leurs préoccupations étroites ou de leur désir d'une ambitieuse popularité, n'ont pas assez remarqué la similitude que je rappelle, ou l'ont voulu dissimuler.

Prenons acte néanmoins de leurs réclamations, et déduisons-en quelques conséquences.

Le moyen à pratiquer pour qu'il n'y ait plus de salariés industriels, pour que tous les ouvriers fussent chefs, serait l'établissement de *sociétés coopératives*, satisfaisant à tous les besoins de la civilisation. L'emploi de ce moyen offre de très-grandes difficultés ; mais supposons que l'on parvienne à les aplanir; le moraliste verrait avec plaisir éclore ces sociétés; car elles ne peuvent prospérer, arriver au but marqué, que si chacune d'elles est dirigée par des administrateurs intelligents, et que toutes soient composées de travailleurs habiles, honnêtes, économes; or ces qualités sont celles que la morale réclame, qu'elle recommande comme étant la source du bonheur public et du bonheur privé. A ce point de vue, nous faisons des vœux pour le succès de la réclamation.

En présence de cet idéal, du vaste espoir

que de nombreuses sociétés coopératives seraient instituées pour la construction des édifices, la transformation des métaux, du bois, des matières textiles, pour l'exploitation des terres ; créations qui ne pourraient d'ailleurs se produire que successivement ; ou bien en vue de quelque projet moins étendu, et plus réalisable, les ouvriers, aujourd'hui salariés et qui aspirent à ne plus l'être, doivent évidemment pour conserver le nom et la qualité d'hommes sensés, se préparer à remplir convenablement leur rôle dans ces associations futures, c'est-à-dire doivent être, dès maintenant, laborieux, attentifs, bienveillants, rangés, économes ; l'éducation morale que nous leur proposons ne peut donc que leur être extrêmement profitable.

Ces hommes sensés chasseraient promptement de leur esprit, si elle leur survenait, la pensée d'agiter la société par des troubles civils; car ils savent que de tels mouvements interrompent les travaux, et font évanouir les épargnes, et celle de froisser leurs concitoyens que la fortune a favorisés, attendu que ce n'est pas le moyen d'obtenir des commanditaires et des acheteurs pour la société coopérative dont ils ont le projet de faire partie. Ils n'auront pas non plus la funeste et condamnable idée que l'on peut arracher violemment à autrui ce qu'il possède, parce qu'ils savent qu'il y a, en France, plusieurs millions de propriétaires fonciers ou mobiliers qui opposeraient, soit par eux-mêmes, soit par leurs enfants, une force prépondérante à ces tentatives de déprédation ; conséquemment, en leur qualité d'hommes sensés, les ouvriers prendront la résolution d'être, malgré les suggestions des fougueux chercheurs de popularité, d'honnêtes et prévoyants *salariés*, en attendant mieux et sans être humiliés, quels que soient les discours perturbateurs, d'une condition et d'une appellation qui leur sont communes avec tant d'hommes honorables. Le désir de cette éducation morale qui a pour but de les éclairer sur leurs droits et leurs devoirs, de rectifier les fausses opinions qu'ils auraient conçues, est donc le sentiment auquel les invitent à la fois et leur tendresse paternelle, dont nous avons parlé plus haut, et leur intérêt bien entendu dont nous nous occupons en ce moment.

Si les hommes pauvres, si les salariés, étaient méprisés par les riches et les puissants, leur situation, j'en conviens, serait difficile, car l'amour-propre humain souffre et se révolte avec quelque raison contre le mépris, quand il n'a pas été mérité par des vices ou des actions blâmables; mais j'offre les conseils du présent écrit dans leur ensemble; et cet écrit suppose que les riches et les puissants, guidés par l'équité et par les motifs divers ci-dessus indiqués, sont ou seront disposés à estimer les hommes estimables partout où ils les rencontreront, et à le leur témoigner dans les formes que les convenances sociales permettent ou réclament. Cet obstacle à la bienveillance mutuelle, s'il existe ou s'il a existé en d'autres temps, s'il a exercé une douloureuse influence sur des événéments qui ont ébranlé l'ordre social, est maintenant très affaibli et pourra l'être encore davantage, grâce aux progrès d'une religieuse et pacifique lumière.

Nous avons donc lieu de beaucoup espérer que les *salariés*, les ouvriers des villes et des campagnes, ne se laissant pas duper par de perversives doléances, rechercheront cette éducation morale qui, en les éclairant sur leur véritable position, aura certainement pour effet de les attacher plus étroitement à leur famille, à leurs concitoyens, et de les faire mieux profiter des satisfactions qu'offre à tous les hommes de bien l'affection mutuelle véritablement méritée, et en même temps de les délivrer de tous les tourments que font éprouver les convoitises, l'envie, la jalousie, la haine, tous les sentiments injustes qui, en imposant des souffrances à celui qu'ils agitent, retardent les progrès de la civilisation, de la manifestation d'une bienveillance réciproque, dont tous sont appelés à recueillir les fruits.

CHAPITRE XIII

LA RELIGION

La diversité des religions est désignée, par M. Passy, parmi les causes qui divisent les habitants d'un même pays et peuvent occasionner des troubles. Les événements qui ont affligé la France pendant le quinzième, le seizième et le dix-septième siècle montrent combien cette cause de souffrances a de gravité, combien elle doit attirer l'attention.

Sans insister sur un point aussi délicat, je poserai seulement les questions suivantes, laissant le soin de les résoudre aux théologiens et aux philosophes dont les méditations se sont spécialement portées sur ces études.

1° Quelles sont les dispositions intellectuelles et les mesures gouvernementales qui ont tari ou détourné, en France, cette source de maux?

2° Quels moyens est-il bon de prendre pour empêcher à jamais leur retour?

Accessoirement à ces questions, je note les observations suivantes :

I. — Les écrivains qui demandent pour la France une situation nouvelle qu'ils nomment « la séparation de l'Église et de l'État » n'ont pas, je crois, considéré avec une perspicacité assez haute et assez lucide les principes qui doivent présider à l'examen d'une telle doctrine et les conséquences qu'engendrerait cette séparation.

Ici encore la prudence m'enjoint de m'arrêter à cette simple réflexion.

II. — Il a été dit que la loi civile devait être *athée*.

Je traiterai un peu plus longuement cette erreur, cette très-fausse et très-dangereuse expression.

Nos lois civiles ne sont plausibles et durables, ne conduisent les hommes qu'elles régissent au résultat qu'il faut atteindre, le bien de tous et de chacun, que dans la proportion où elles sont en accord avec la loi fondamentale, loi simultanément religieuse, morale et politique, qui enjoint à tous les êtres humains, aux gouvernants comme aux gouvernés, de contribuer dans toute la mesure de leurs forces au perfectionnement moral et au bonheur les uns des autres. Cette loi fondamentale s'appuie sur un principe religieux, sur la notion de l'existence de Dieu, de sa toute-puissance, de sa bonté, de sa providence. La loi civile ne pourrait donc pas être athée, méconnaître l'existence du Créateur, sans perdre la plus grande partie ou même la totalité de sa puissance. La loi ne doit pas, ne peut pas être athée. — Cette opinion que je combats n'a plus, je pense, qu'un très-petit nombre de partisans; mais il est bon de réduire encore ce nombre; car toutes les erreurs, tant qu'elles subsistent dans l'esprit humain, peuvent prendre de l'extension, et amener des luttes qui retardent l'avénement de la véritable civilisation et du bonheur tel qu'il est possible en ce monde terrestre.

CHAPITRE XIV

LA CENTRALISATION

Il y a quelques années, on a livré bataille en faveur de la *décentralisation administrative*. Une commission officielle a soutenu la thèse dans un volumineux rapport. Je n'entreprendrai pas la critique de ce document; j'aurais affaire à trop forte partie; et d'ailleurs cet écrit n'est pas actuellement sous mes yeux; mon dessein est de noter seulement quelques réflexions à ce sujet, sans aborder les détails.

On est d'accord sur ce point, que la centralisation politique est absolument nécessaire à l'unité de la nation ; elle est l'élément de la force résistante qu'un peuple doit faire valoir contre tous les périls qui peuvent le menacer.

Les motifs suivants me déterminent à croire que la centralisation administrative est utile, comme la concentration politique et presque au même degré, pour la conservation de l'unité nationale.

Supposez que des préfets, des conseils provinciaux ou municipaux soient indépendants du pouvoir central pour des affaires ayant une sérieuse importance; il en résulterait que leurs règlements ou leurs décisions pourraient modifier, en faveur ou au détriment d'un certain nombre de personnes, les lois générales, les décrets du gouvernement, mettre obstacle à leur exécution. Si, alors, les choses n'allaient pas à ce point qu'on vît reparaître et se former, sur le sol de la France, des peuples distincts, des Normands, des Bretons, des

Bourguignons, des Picards, des Provençaux, ayant chacun leurs prétentions spéciales, au moins est-il certain que la cohésion entre toutes les parties de l'État, l'uniformité des résolutions, recevraient de ces diversités une influence funeste. Il serait difficile de remplacer ces préfets qui auraient pris des mesures contraires aux vues du gouvernement, puisqu'ils auraient agi dans les limites de leurs attributions.

Ces préfets pourraient même, par des influences électorales, devenir des adversaires presque dangereux de l'autorité centrale, et se faire honneur de leur opposition; prétendant, avec quelque apparence de raison, que s'ils résistent, c'est suivant leur droit et dans l'intérêt des populations confiées à leurs soins. Ce danger serait bien plus réel dans une monarchie constitutionnelle ou dans une république, qu'il ne pouvait l'être sous la monarchie absolue. — Je ne suis point partisan aveugle de la maxime : *Sic volo sic jubeo, sit pro ratione voluntas;* néanmoins il me semble que, pour un assez grand nombre de conjonctures, elle doit régner dans l'administration comme dans les armées, afin d'assurer la prompte exécution des ordres donnés. En énonçant cette doctrine, je réserve, bien entendu, dans les affaires civiles, le recours ultérieur de ceux qui soutiendraient que cette volonté gouvernementale n'était pas en accord avec les lois; je laisse subsister les responsabilités rationnelles et légales auxquelles doivent être soumis les agents du pouvoir. — Le gouvernement ou la loi peuvent bien donner à un préfet, à un maire, à un conseil municipal, la faculté de prendre des déterminations suivies immédiatement d'exécution dans telles limites; mais si une autorisation spéciale n'est pas nécessaire pour ces opérations, le contrôle gouvernemental doit toujours être maintenu. La promptitude, l'uniformité de l'action du chef de l'État, sont des gages de sécurité, et profitent à tous. Les réserves maintiennent les droits de chacun.

Le regard clairvoyant de l'autorité centrale, qui plane sur toute la nation et voit avec justesse les détails, parce qu'il embrasse l'ensemble, et la prépondérance de sa volonté, offrent d'ailleurs à tous les citoyens une garantie contre certaines exigences qui se produisent ou pourraient se produire en plusieurs localités, et qui soumettraient les administrés de tous rangs, s'ils n'étaient pas protégés par cette suprême équité, à des injonctions arbitraires, ou trop hautainement signifiées par les fonctionnaires qui n'auraient pas à craindre un redressement, un rappel puissant à la justice et aux convenances. Il est bien d'empêcher que le voisinage de ces fonctionnaires trop enclins à l'orgueil ou à l'omnipotence soit plus incommode pour ceux qui se trouvent à leur portée que ne l'exige la nécessité; cet inconvénient est évité par les effets de la centralisation. Sous l'empire de cette suprématie centrale, les fonctionnaires locaux ont à craindre que, en cas d'abus, leur manière d'agir soit signalée aux chefs de l'État qui disposent de leur sort. On disait autrefois en de pareilles occurrences : *Si le Roi le savait!* et il semblait que cette parole apportât une consolation et une espérance à celui qu'était venue frapper une exaction seigneuriale ou administrative; il est bien, dans nos organisations nouvelles, de passer d'une fiction, d'un simple vœu, à la réalité.

Ces diverses considérations nous conduisent à faire remarquer l'influence capitale qu'exercent sur le sort de l'État les fonctions des électeurs, et surtout des électeurs politiques; arrêtons sur cette remarque des regards attentifs.

Il est nécessaire, disons-nous, dans un intérêt essentiel, la conservation de l'unité française, que l'autorité gouvernementale soit investie d'une large confiance, d'une puissance d'action irrésistible. De cette situation naît la conséquence qu'il importe au plus haut degré que les chefs du gouvernement, et surtout le chef suprême (roi ou président), possèdent tous les talents que réclament ces grandes places ; qu'ils soient animés de l'intention nettement arrêtée, et toujours présente à leur esprit, d'accroître incessamment, par la législation et par les mœurs, la dignité morale et le bonheur de tous. L'accomplissement de cette condition est indispensable pour que les avantages de la centralisation se produisent tels qu'ils doivent l'être.

Le prince sous le gouvernement monarchique, et le président sous la forme républicaine, reçoivent de divers moteurs, dans l'intérêt général, des impulsions que la sagesse leur enjoint de suivre; mais la plupart de ces impulsions sont données par les assemblées délibérantes, sénat et députés;

le choix des membres qui composent ces assemblées doit donc être la grande préoccupation de tous les habitants. Ce choix étant remis entre les mains des électeurs, le sort d'une nation dépend, dans une immense proportion, des pensées qui dirigent les électeurs, de l'importance qu'ils attachent à la grande magistrature que la loi leur confie.

Nous allons, dans le chapitre suivant, nous occuper de cette question électorale; il doit être en quelque sorte regardé comme le complément de celui-ci, tant sont intimes tous les rapports de la vaste organisation qui préside aux destinées d'un peuple.

CHAPITRE XV

LE SUFFRAGE UNIVERSEL

Le suffrage universel est l'effet excessif d'une réaction.

En 1847, le droit de prendre part à l'élection des députés au Corps législatif n'appartenait qu'aux habitants qui payaient, chaque année, une contribution directe de 200 fr. au moins. Il avait été demandé que ce droit fût aussi déféré aux bacheliers, licenciés et docteurs de l'Université, et à quelques autres personnes que l'on désignait sous le nom de *capacités* ; d'autres personnes réclamaient la diminution générale du cens. Le gouvernement avait la majorité parlementaire; il refusa. Au mois de février 1848, un mouvement populaire, prenant prétexte, entre autres, de ce grief, devint une révolution. Le gouvernement fut renversé. Les chefs de l'émeute, en possession du pouvoir législatif, décrétèrent, avec une singulière précipitation, le *suffrage univsrsel*, le droit de votation pour tous les habitants de la France; et, par suite de la même imprudence aveugle, attribuèrent à ce suffrage universel non-seulement la nomination des représentants du peuple formant une assemblée souveraine, mais en outre le choix direct du chef de l'État, du président de la République; et créèrent ainsi deux souverains ayant même origine; d'où résultait la possibilité, et même la probabilité des conflits que l'on vit bientôt éclore.

En 1849, on sentit les dangers que faisait courir au pays cette institution électorale; on essaya de la modifier; mais le président de la République qui gouvernait alors, et qui avait des vues ultérieures pour lesquelles l'universalité devait lui être utile, s'opposa victorieusement à toute restriction.

Ce suffrage trop étendu excita la guerre civile de juin 1848 et celle de mars 1871. Dirigé, façonné par des promesses fallacieuses ou par les contraintes du pouvoir, il a ratifié le gouvernement trop absolu d'un chef, et ce gouvernement nous a légué de cruels souvenirs.

Le suffrage universel est la loi régnante. Je n'ai garde d'en médire pour le moment présent. Mais notre constitution, qui est aussi la loi régnante, a prévu qu'à une époque déterminée, des améliorations aux dispositions actuelles pourraient être proposées et acceptées. Les considérations suivantes s'attachent donc seulement à l'avenir. Je ne les ajourne pas, croyant que sur une question qui touche aussi effectivement à tous les intérêts de la France, il est bien que la théorie discute à l'avance les observations qui pourraient exercer quelque influence sur les opinions du public et du législateur.

Un peuple, dans certaines conjonctures, peut faire pour l'établissement de sa constitution politique *tout ce qu'il veut*. Mais si ce qu'il a voulu, ce qu'il a fait, est contraire à la *nature des choses*, son établissement erroné engendre des orages; la nature des choses forme appel; et, tôt ou tard, elle triomphe.

Je vais examiner d'abord le droit électoral dans les principes d'où il dérive, et je montrerai ensuite les conséquences qui naîtraient de ce que nous aurons constaté.

§ 1. PRINCIPES DU DROIT ÉLECTORAL.

Le but de l'introduction du vote populaire dans les affaires publiques est d'arriver à ce mode de gestion qu'on appelle *le gouvernement du pays par le pays*. Mais ceci ne peut être qu'un objectif *secondaire* ou accessoire; le but *principal* pour toute société, quelque disposition qu'elle adopte, est de conserver et d'assurer, autant que possible, à tous ses membres un accroissement de bien-être et de prospérité.

Il ne serait pas avantageux pour un pays d'être gouverné par des hommes ignorants, turbulents, avides du bien d'autrui ; ce n'est pas un tel gouvernement qu'une loi bien méditée peut se proposer d'établir.

S'il est un signe auquel on puisse reconnaître que certains hommes sont laborieux, sensés, économes, désireux de maintenir l'ordre et l'équité; si ces hommes sont assez nombreux pour représenter les intérêts généraux, assurément la raison et la *nature des choses* nous diront que le vote populaire doit être attribué à ceux-là, et non à ceux qui probablement, presque certainement, n'ont pas les mêmes qualités. Or ce signe dont je parle existe, et se montre dans le fait palpable que tel habitant paye ou ne paye pas, chaque année, une contribution directe, fût-elle très-légère, comme 10, 20 ou 30 francs, par exemple. C'est donc à ces contribuables seulement qu'il faut confier le droit de suffrage politique.

Il n'est pas besoin de réfléchir longtemps pour juger que l'ouvrier qui a économisé peu à peu sur les salaires de chaque journée la somme nécessaire pour acheter un mobilier, une maisonnette, ou un petit champ, formant l'assiette de la contribution, est un homme laborieux, modéré, désireux de conserver cet ordre public dont la perturbation entraînerait le retranchement des salaires quotidiens qu'il sait si bien employer; et que, le plus ordinairement, on ne rencontre pas de semblables dispositions chez l'homme qui n'a pas travaillé ou qui n'a pas économisé.

Le nombre de ces hommes laborieux, modérés, est fort considérable en France ; ce nombre s'augmentera encore d'année en année, si on favorise l'expansion des qualités qui les produisent, en déférant à ces contribuables seuls le vote populaire. Ainsi, par le mode proposé, le gouvernement du pays par le pays se trouverait institué, sans que l'on fût exposé aux dangers que fait naître le suffrage entièrement universel. Il suffit que le suffrage soit populaire, qu'il soit dévolu à un grand nombre d'intéressés, pour que le but désirable soit atteint. Le suffrage *limité* que j'indique ne peut pas être appelé, comme on l'a fait à titre d'accusation, un suffrage *restreint*. Il n'est pas vrai que, suivant la nature des choses, les fonctions électorales appartiennent originairement et *de droit* à toute personne habitant le sol français. Les femmes, les mineurs, n'en sont pas investis, parce que le législateur a jugé qu'ils n'avaient pas la capacité nécessaire pour l'exercer utilement, ou qu'il voyait à la leur conférer des inconvénients décisifs; de même, le législateur pouvait et pourra encore (à l'époque indiquée) ne pas le confier aux hommes qui ne présenteraient aucune garantie, dans lesquels on ne trouverait aucun indice certain de moralité, par la raison très-plausible que les votes de ceux-ci pourraient être préjudiciables au public. Ce qu'il n'a pas fait en 1848, parce qu'il était alors sous l'impression d'une pensée ardente et fallacieuse, il pourra le faire plus tard, étant conseillé par l'expérience et par une vue plus nette de la nature des choses.

Un fait actuel prouve bien que le droit électoral était et est encore entre les mains du législateur. Bien que, en ce moment, le suffrage soit appelé universel, le législateur, il y a peu d'années, ayant reconnu qu'il peut être nuisible à la bonne administration de la chose publique que les militaires en activité de service prissent part au vote électoral, a décidé qu'ils ne pourront pas voter, que le vote ne leur appartiendra pas, tant qu'ils seront sous les drapeaux. Cette décision législative n'a pas été et ne devait pas être considérée comme injurieuse pour les militaires; ils la subissent sans murmure. Il devrait en être, il en serait de même pour celle qui attribuerait le suffrage politique seulement aux citoyens payant une contribution directe; car cette disposition signifierait seulement que les non-électeurs n'ont pas encore la capacité que la loi regarde comme utile au bien général; capacité que, d'ailleurs, il leur est facile de conquérir.

L'amour du travail, l'esprit d'équité, de modération, étant ainsi récompensés par la loi, obtiendraient, dans les mœurs nationales, une nouvelle faveur; et les hommes qui ne seraient pas encore portés sur les listes électorales reconnaîtraient que la mise en œuvre de ces qualités, auxquelles est attribué un honneur civique, est bien véritablement plus avantageuse que la paresse, la turbulence ou le vice. La disposition indiquée serait donc encore profitable sous ce rapport, qui a bien sa valeur.

Cette intention du législateur de récompenser par cette voie les hommes dignes d'estime pourrait être rendue plus saillante par une mesure exceptionnelle, que je vais indiquer. On pourrait statuer que sur les listes électorales seraient portés : 1° les militaires, n'étant plus au service actif, qui auraient accompli leurs cinq années sans avoir encouru de graves punitions ; 2° les ouvriers, industriels ou agricoles, qui pendant un certain nombre d'années auraient rempli avec courage leurs devoirs de famille et de profession. — Le conseil général du département dans lequel ces militaires ou ces ouvriers auraient leur résidence serait juge de l'accomplissement des conditions, et pourrait prononcer l'admission, soit d'office, soit sur la demande du maire de la commune, ou du candidat lui-même.

Les améliorations apportées par ces diverses causes dans les mœurs publiques exerceraient une heureuse influence sur les formes gouvernementales. « Il y a dans chaque État, dit M. Passy, à raison du caractère et de l'intensité des motifs de discorde qu'il recèle, une part plus ou moins grande de souveraineté effective que les populations ne sauraient garder sans compromettre la paix publique; et cette part, c'est à leur gouvernement qu'elles l'abandonnent. » L'intensité des motifs de discorde, notamment de ceux qui proviennent de la diversité des positions sociales, est intimement liée avec la nature des pensées qui animent habituellement chaque individu; les pensées des hommes laborieux, réguliers, ne sont pas les mêmes que celles des vicieux et des turbulents. Plus on diminuera le nombre de ceux-ci, en les élevant par la force des situations à un état meilleur, plus il sera possible de ne laisser au gouvernement qu'une part restreinte de souveraineté arbitraire, d'autorité préventive ou répressive, sans compromettre la paix publique; plus alors les fonctionnaires ou agents du pouvoir agiront avec réserve, avec équité, avec urbanité, dans l'exercice de leur pouvoir. Ce sont là des buts auxquels il importe d'arriver.

Ces considérations me paraissent déterminantes en faveur du suffrage électoral limité; les faits, comme la théorie, prouvent que les ressorts du gouvernement se tendent lorsque des désordres frappent ou même menacent la sécurité sociale. Les amis de la liberté doivent donc s'entendre pour modifier, au moins transitoirement, ce suffrage nommé *universel* qui met une trop grande puissance légale entre les mains de ceux qui, par position, ont moins que les autres intérêt à la conservation de l'ordre, et plus que les autres des sentiments d'envie, de jalousie, de haine, faisant obstacle à l'harmonie générale. On peut donc voir clairement que ma proposition n'est pas l'effet d'un système d'hostilité ou de dépit contre quelques-uns des habitants de la France; mais, au contraire, qu'elle est dictée par le désir de contribuer, si je le pouvais, au bonheur et au perfectionnement moral de tous, par un examen approfondi de ce qui convient rationnellement au bien général.

§ 2. DEVOIRS DES ÉLECTEURS.

L'électeur politique exerce une MAGISTRATURE. L'expression est pompeuse, je le sens; on pourra me la reprocher; pourtant elle est exacte, elle n'a rien d'adulateur; il est bien vrai que l'électeur prononce par son vote une décision qui influera sur le sort de ses concitoyens; ce vote peut fait perdre à l'un sa fortune commerciale, à l'autre la place hiérarchique qu'il a conquise avec beaucoup d'efforts; faire perdre à tous la sécurité.

Une magistrature impose des devoirs. Ceux de l'électeur sont peu compliqués; mais comme ils ont une très-grande importance, nous allons les rappeler avec quelques commentaires.

L'électeur doit :

1° Aller voter. —Il semble peu utile de le dire, et pourtant combien d'électeurs, depuis plusieurs années, ont failli à ce devoir!...

2° Prendre, dans toute la mesure de ses forces, les précautions nécessaires pour ne donner sa voix qu'à un candidat qui sache, lorsqu'il siégera dans les grands conseils, n'adopter et ne proposer que des résolutions profitables à la morale publique et à la bonne administration des affaires de l'État.

Si, dans les années qui viennent de s'écouler, les abstentions électorales ont été très-nombreuses, il y a lieu d'espérer que la confiance plus personnelle accordée à l'électeur censitaire, ou à celui qui aurait mérité l'adjonction, engagerait tous les inscrits à se rendre dignes de cette confiance, en usant de leurs droits ; et, d'autre part, quel que soit le sort de ma proposition, aucun électeur ne doit dire : Une seule voix ne produira pas grand effet ; car il est certain que souvent les plus graves décisions ont été déterminées par cette simple majorité ; en outre, de semblables prévisions ne doivent pas intervenir quand il s'agit de l'accomplissement d'un devoir.

II. — Les précautions à prendre par l'électeur consistent à *s'informer* et à *réfléchir*.

La raison, s'il la consulte, lui dira qu'on ne peut raisonnablement espérer que le candidat présenté réalisera les promesses faites par lui ou en son nom, que si ce candidat est un homme recommandable par la régularité de sa conduite, par sa droiture dans toutes les relations ; que s'il a montré dans plusieurs circonstances quelque intelligence des affaires; si habituellement ses résolutions ont été dictées par la bienveillance, la justesse d'esprit, la modération; si l'on peut juger d'après ses actions habituelles qu'il préfèrera toujours le bien de la patrie aux intérêts que placent trop souvent avant lui le désir de dominer, le dévouement à une coterie, à un parti aveugle ou exclusif.

L'électeur, pour obtenir ces renseignements, *s'informera;* et s'il le fait avec toute l'attention que le sujet réclame, il n'aura pas à craindre l'erreur; surtout s'il a soin de comparer entre eux les divers documents qui lui auront été fournis par l'opinion publique ou par des interrogations spéciales, de les contrôler réciproquement par le travail de la *réflexion*.

Sur ce point, comme lorsqu'il s'agit de

l'abstention, aucun ne devra penser que son vote est sans importance, et, sur ce motif erroné, se dispenser de prendre les soins qui viennent d'être indiqués. A celui qui prétendrait qu'un seul vote a trop rarement pour effet de déterminer un scrutin, pour qu'il s'occupe beaucoup du sien, je ferai remarquer de nouveau que, même cette considération étant mise à part, *le devoir* l'oblige à se rendre digne de la confiance que la loi lui a déférée, et qu'en accomplissant son devoir tout homme, quel que soit son rang dans la nation, rehausse sa dignité personnelle, tandis qu'il s'abaisse en suivant une autre ligne ; que l'estime de soi-même, qui accompagne cette dignité, est la meilleure et la plus sûre des compensations qu'on puisse obtenir pour balancer les souffrances que la vanité impose à la plupart des habitants de ce monde. Ce sentiment de dignité personnelle est l'apanage de l'humanité ; il appartient à chacun de nous dans la proportion où il l'a cultivée. Il se concilie parfaitement, chez tous les subordonnés, dans la vie civile comme sous l'uniforme, avec une docilité respectueuse et ferme, et devient un heureux dédommagement qui soulève le poids de l'obéissance.

Les hommes au point de vue politique, peuvent être partagés en deux catégories principales : les *conservateurs* et les *envieux*.

La première qualification appartient à tous ceux — grands et petits — qui veulent, je ne dis pas continuer sans examen le passé, mais *conserver la paix publique*, en respectant les convenances et les droits de chacun.

Je donne le nom d'*envieux* — évitant ainsi les termes trop hostiles de perturbateurs et de révolutionnaires — aux hommes, de quelque rang qu'ils soient, qui ne craindraient pas, pour satisfaire leurs passions ou obéir à des théories dangereuses, de remuer les passions des autres hommes, au point d'occasionner des dissentiments, des troubles, peut-être des guerres civiles ; comme nous l'avons vu très-récemment. L'envie, la jalousie, sont en effet les mobiles les plus ordinaires de ces agitations.

Électeurs, je vous en supplie, votez pour des amis, *des conservateurs de la paix sociale.*

OBSERVATION RÉTROSPECTIVE

Il me semble, ai-je dit, que le payement annuel d'une contribution directe est un signe qui doit vivement attirer l'attention du législateur dans l'attribution des fonctions électorales. Cependant si, dans les élections partielles qui auront lieu d'ici à quelques années, les choix des électeurs étaient presque tous d'accord avec les intérêts nationaux ; s'ils étaient favorables à la sécurité publique, comme à la prospérité générale ; ce que les votes des députés élus démontreraient ;

j'aimerais à reconnaître que l'honneur français et l'amour de la patrie ont suppléé aux précautions que la loi actuelle n'a pas prises, et qu'il n'y a lieu d'apporter à cette loi aucune modification.

TRANSACTION

Il y a entre le système du suffrage censitaire et celui du suffrage entièrement universel, tel qu'il est pratiqué maintenant en France, un intermédiaire qui peut obtenir un grand nombre d'approbations. C'est le système de *vote par délégation*, suivant lequel un premier collége d'électeurs, composé de tous les Français majeurs, choisirait dans son sein un certain nombre d'électeurs payant un cens, lesquels formeraient, dans chaque arrondissement, un nouveau collége qui nommerait le député.

CHAPITRE XVI

LA PRESSE

J'ai parlé ci-dessus (ch. XII) des journaux et des livres au point de vue de l'influence que les écrivains peuvent exercer sur les lecteurs ; je vais considérer actuellement les effets que les jugements du public produisent sur la direction et même sur les talents des écrivains ; et ceci tient intimement à mon sujet, puisque souvent la presse dirige les élections.

« Il faut, dit Vauvenargues, exciter dans les hommes le sentiment de leur prudence et de leur force, si on veut élever leur génie. »

Cette maxime est applicable à tous les hommes, aux individus et aux corporations; on élève le génie des industriels, des agronomes, si on accorde une considération toute particulière à la perfection et à l'abondance des produits qu'ils fournissent; il en sera de même pour les actes des administrateurs, des militaires, des jurisconsultes et autres. Mon devoir est, dans le présent chapitre, de faire porter plus spécialement les regards sur les publicistes et sur les propagateurs de la morale, dont les travaux peuvent être si utiles à la *politique de l'équité*.

L'opinion publique est éclairée, dirigée, par les écrivains; mais, d'un autre côté, les écrivains doivent leur réputation et même une grande partie de leur valeur réelle aux tendances que manifeste l'opinion. Si, dans un pays, le nom de journaliste est peu honoré, on verra les journaux en général ne mériter qu'une médiocre confiance; ils seront remplis d'anecdotes futiles ou immorales, de discussions violentes, injurieuses, conduites avec mauvaise foi ; on y trouvera de provocations intéressées au mépris, à la haine entre les concitoyens. Que ce nom, au contraire, soit entouré de considération, les écrivains qui livrent leurs pensées aux feuilles périodiques, soit accidentellement, soit chaque jour et comme exerçant une profession, feront les efforts nécessaires pour devenir de plus en plus des publicistes intègres, des juges prononçant avec autorité sur la valeur des productions artistiques ou littéraires, des arbitres du goût, des inspirateurs respectés de la pensée publique.

S'agit-il de compositions plus durables, des livres, on aura, suivant que les lecteurs auront pris telle direction ou telle autre, des imitateurs de Pascal, de Bossuet, de Racine, de Fénelon, de Montesquieu ; ou bien des romans frivoles et licencieux, des pièces de théâtre destructives de la morale, des poésies obscènes ou incendiaires.

Les applaudissements d'un public supérieur ont accru la puissance des auteurs célèbres que nous venons de nommer ; ceux-là sont devenus des modèles ; mais si un autre public venait combattre les impressions favorables qu'on puise dans leurs écrits, le goût se pervertirait, et les auteurs nouveaux, dans le désir d'être recherchés, ne marcheraient plus sur leurs traces. Il est donc fort désirable que ce goût du public soit constamment guidé vers les saines doctrines ; que son niveau soit toujours maintenu dans ces hauteurs intellectuelles ; et nous croyons que la revue périodique dont nous avons demandé l'institution, destinée à être une régulatrice, à signaler les erreurs ou les tendances pernicieuses, à préconiser les œuvres et les talents dignes d'éloges, rendrait de très-notables services aux contemporains et à la postérité.

CHAPITRE XVII

L'ARMÉE

L'armée est investie, par nos lois et par nos mœurs, de trois fonctions sociales fort importantes, qui sont :

1° Défendre le territoire contre les invasions étrangères ; soutenir les intérêts du pays et l'honneur national, quand ils sont attaqués ou menacés ;

2° Assurer l'exécution des lois et la répression de toutes les atteintes dirigées contre le gouvernement et contre les particuliers ;

3° Offrir à toute la nation des exemples de discipline.

Nous allons dire quelques mots sur chacune de ces fonctions.

1° L'usage des armes à longue portée et à tir rapide, la promptitude des translations opérées par les chemins de fer ont beaucoup compliqué la science et l'art des combats; ainsi je dirai, comme exemple et sans vouloir discourir d'une science que j'ignore : il est peut-être nécessaire maintenant, pour qu'un bataillon ou un escadron ne soit pas foudroyé avant d'avoir pu joindre l'ennemi, qu'on le fractionne en compagnies, pelotons ou escouades (devant ensuite se réunir avec célérité, lorsqu'il sera plus rapproché du but), de telle sorte que les projectiles ennemis ne puissent, à grande distance, atteindre qu'un petit nombre d'hommes, et non pas frapper une masse compacte. Cette tactique, ou autres de même nature, réclamées par les nécessités qu'ont faites les nouvelles armes, demandent des combinaisons qu'il est plus difficile de concevoir et d'exécuter que ne l'était la marche ordinaire en colonnes serrées. Les chefs, les officiers, les soldats se trouvent ainsi forcés à des études, à des exercices qui exigent d'eux plus d'efforts et de persévérance que par le passé. — Les mouvements d'un régiment, d'un corps détaché réclament, lorsqu'ils sont effectués sur des chemins de fer, une connaissance plus exacte des localités, que l'usage des routes habituelles; les généraux, les officiers, doivent donc avoir étudié avec plus de soin la topographie et toutes les dispositions des lieux où ils doivent agir, soit en attaquant soit en défendant.

On ne peut songer à rémunérer dignement par des avantages pécuniaires ces études, ces travaux, ce dévouement des généraux, des officiers et des soldats; les ressources du trésor public ne le permettraient pas; l'opinion publique seule, par la considération accordée à ceux qui accomplissent ces devoirs multipliés, peut leur décerner une récompense proportionnée à leurs efforts. La nature de cette récompense est d'ailleurs un gage de sécurité pour la nation, car, sous l'influence des souhaits qu'ils formeront sur ce point, les militaires, toujours animés par le sentiment de l'honneur, ne perdront pas un instant de vue ces jugements que l'opinion publique prononcera sur l'armée et sur chacun de ses membres, et l'espoir de mériter l'estime, la gratitude, est certainement un mobile plus digne des sacrifices qu'entraîne la vie guerrière, que ne le serait l'attrait des récompenses pécuniaires ou même le désir pour chacun de parvenir à un grade supérieur. Le désir de s'élever de grade en grade agira toujours; nous ne songeons pas à comprimer ce qui est d'accord avec les propensions humaines; nous voulons seulement faire remarquer que ce qu'il y a de meilleur dans notre nature nous dit que l'ambition personnelle ne doit prendre dans les résolutions de chacun de nous qu'une place secondaire, lorsqu'il s'agit des intérêts de la patrie. L'armée étant honorée, chaque officier, chaque soldat recevra de sa famille et de ses concitoyens des marques d'estime qui seront l'ornement et le bonheur de toute son existence.

2° Les militaires doivent obéir aveuglément, sans examen, aux ordres que leur donnent leurs chefs, aussi bien lorsqu'il s'agit des adversaires de l'intérieur, que contre les ennemis du dehors. Je ne recherche pas si cette règle peut, en quelque circonstance, recevoir des exceptions; il me semble qu'on doit la tenir pour absolue, parce que les exceptions, s'il y en a, seraient très-rares, et que la subordination militaire, la prompte obéissance, sont trop fortement commandées par l'intérêt général pour que l'on puisse admettre des hésitations. Une action ainsi accomplie ne peut entraîner de responsabilité que pour le supérieur qui a donné le premier ordre; et comme cet ordre peut produire des luttes sanglantes, des effets irréparables, il faut voir dans cette situation un nouveau motif pour désirer vivement que le chef de l'État, auquel les ordres ressortissent, soit un homme éclairé, ferme, et ami aussi dévoué de l'ordre public que de l'équité; c'est lui qui choisit les généraux desquels émanent les ordres dont l'effet est de repousser l'ennemi ou de lui laisser la victoire, et ceux qui, dans les troubles intérieurs, peuvent compromettre la sûreté publique ou faire opérer des répressions excessives; double extrémité également regrettable, et que parviennent seuls à éviter l'habileté unie à l'esprit de justice et à l'amour du bien public.

Cette seconde fonction de l'armée est essentielle comme la première; elle est le soutien de la sécurité publique sans laquelle l'œuvre sociale ne pourrait parvenir au but souhaité. Heureusement il est rare que l'armée rencontre des obstacles persévérants dans l'exercice de cette fonction répressive. Les Français sont tellement attachés à leur unité nationale, que toujours ils éprouvent une profonde aversion pour la guerre civile, et nous les avons vus se soumettre facilement au parti ou au prince resté vainqueur dans une première levée de boucliers, afin de ne pas faire durer dans le pays deux gouvernements hostiles, luttant à main armée l'un contre l'autre. Ils cèdent, sauf il est vrai à recommencer un peu plus tard; mais de cette disposition des esprits, il résulte que l'armée n'a jamais à combattre longtemps ses concitoyens, et ne reste pas divisée en deux camps ennemis. Au seizième siècle, les guerres à la fois politiques et religieuses ont sévi pendant un grand nombre d'années; souvent deux armées françaises ont été en présence, et se sont mutilées l'une l'autre; il y a lieu d'espérer que de pareilles conjonctures ne se représenteront plus, et le moyen le plus sûr pour qu'il en soit ainsi est d'accorder un ascendant toujours progressif à la politique d'équité.

3° L'armée est encore appelée à un troisième office : à donner, dans la nation, des exemples incessants de discipline ; le service militaire est maintenant en France, le complément des études scolaires et de l'éducation.

Cependant le service obligatoire pour tous qui offre cet avantage pourrait devenir funeste à la patrie, si on ne le pratiquait pas avec prudence, avec la modération qui est toujours la base de l'équité ; si on ne le conciliait pas avec le désir permanent de tout équilibrer. Si, par exemple, le ministre de la guerre, et d'après ses ordres, les généraux et les officiers ne prenaient pas suffisamment en considération un fait capital et d'une grande portée, la différence de force musculaire et de santé physique qui existent généralement entre le jeune homme qui a passé dix années de sa vie dans un lycée ou dans sa famille, occupé à des travaux intellectuels, et celui qui, ayant toujours vécu au grand air, fortifié par des exercices presque continuels, arrive au régiment, robuste, aguerri contre toutes les intempéries ; la santé des premiers pourrait être compromise à toujours, avec un notable détriment pour lui-même et au grand préjudice de l'État, si par une durée moins longue du service, si par des soins hygiéniques prudemment mesurés, on n'atténuait pas une situation qui deviendrait mortelle pour ceux-ci, tandis qu'elle n'exercerait aucune fâcheuse influence sur les vigoureux agriculteurs. Par une telle négligence on priverait le pays d'un grand nombre de citoyens utiles. — Croyons que des mesures légales et administratives ont été mises en usage pour éviter ce grave inconvénient, et portons seulement nos regards vers les avantages qui naissent de la discipline.

L'esprit militaire, bien dirigé, consolide le sentiment de l'honneur, façonne les jeunes gens à connaître et à supporter la loi de la nécessité, les habitue à une obéissance qui n'a rien de servile, puisque celui qui commande est obligé de se soumettre également à des règles, leur imprime le respect des hiérarchies. Le militaire, officier ou soldat, lorsqu'il a quitté l'uniforme porte ces qualités, sentiment de l'honneur, résignation, habitudes d'obéissance et de respect, dans la vie civile; et les exemples qu'il donne à cet égard sont éminemment profitables à ses concitoyens. Dans une commune, l'ancien soldat devenu garde champêtre, laboureur ou fermier, est l'objet de la considération de tous les habitants, son attitude correcte envers ses supérieurs et ses inférieurs, la sincérité habituelle de son langage — si ce n'est peut-être dans les récits de ses campagnes, faiblesse ou exaltation qu'on lui pardonne volontiers — font de lui un modèle que les pères proposent à l'instruction de leurs enfants. Si une place de confiance dans l'administration publique ou dans la vie privée devient vacante, c'est à l'ancien militaire, ayant bien agi, qu'on l'offre de préférence ; on compte sur sa probité, sur son dévouement, parce que, pendant plusieurs années, il s'est montré probe et dévoué. Son intelligence d'ailleurs s'est développée au contact des sous-officiers et des officiers ; s'il est parti tout à fait ignorant, il est revenu quelque peu instruit.

Les jeunes gens appelés par leurs études et par leur fortune à des positions supérieures dans les fonctions publiques, dans les sciences ou dans les lettres, doivent des avantages notables à ces habitudes de la vie militaire qu'ils auront subies pendant quelques mois. A vingt ans, à l'époque de leur dangereuse émancipation, ils auraient pu se livrer à la mollesse, à des écarts d'imagination; l'existence un peu rude que font la caserne et le maniement des armes, l'obligation d'obéir et de respecter, les contraignent à de sages réflexions, et leur font éviter plusieurs écueils contre lesquels aurait pu se briser leur avenir.

Je n'entends pas soutenir la thèse que, sur ce point les nécessités faites à la France par les douleurs de la guerre soient profitables à tous. Il est dans plusieurs familles des jeunes gens pour lesquels l'obligation de vivre militairement, de manœuvrer un lourd fusil, d'exécuter des marches forcées, est excessivement pénible et nuisible. La société, je le reconnais, impose à ceux-là, et par suite à leur famille, un fardeau beaucoup trop lourd. Prions l'autorité de l'alléger autant qu'il sera possible.

Je me permets de noter les observations qui précèdent, non pas dans l'intention d'éclairer l'armée et ses chefs, la prétention serait trop exorbitante; mais avec l'espérance de faire mieux sentir quelle est la suprême récompense à laquelle doivent aspirer les hommes qui consacrent leurs travaux et leur vie au salut de la patrie, de faire remarquer combien est pressante et capitale l'obligation qui me paraît être imposée à leurs concitoyens de leur décerner la récompense que j'ai indiquée.

CHAPITRE XVIII

LA GUERRE

Si la France, en agissant envers les autres peuples avec équité, modération, convenance, comme elle le fait maintenant, comme elle a l'intention de le faire toujours, était sûre de conserver la paix et n'avait à se prémunir contre aucune hostilité, elle pourrait ne pas appeler sous les drapeaux un aussi grand nombre de ses enfants. Mais, voyant les préparatifs guerriers des autres nations, ne voulant pas être un vaste magasin, un riche grenier, dans lequel les étrangers s'accoutument à venir puiser des ressources quand bon leur semblerait, elle est bien forcée d'avoir des armées nombreuses, fortement préparées à défendre valeureusement son indépendance. Elle souffre de ces dispositions européennes; les autres peuples ont aussi à en gémir; on doit souhaiter qu'un concert des gouvernements vienne modifier cet état; mais, en ce moment, la nécessité existe, la France la subit.

Jetons un long coup d'œil sur cette question de la paix internationale, si importante, si décisive, pour la prospérité, pour le bonheur, pour la moralité de tous les peuples.

Un ouvrage, intitulé : *des Causes actuelles des guerres en Europe et de l'arbitrage* (par M. de Laveleye), signale les tendances, les faits, les circonstances suivantes comme formant les principales et les plus imminentes de ces causes de guerre : 1° l'esprit de conquête; 2° le principe des nationalités; 3° les querelles de religion; 4° les différents relatifs à l'équilibre européen; 5° l'intervention de l'étranger dans les affaires intérieures d'un peuple; 6° les rivalités historiques; 7° les luttes d'influence dans les pays étrangers; 8° les colonies; 9° l'imperfection des formes de gouvernement; 10° la théorie des limites naturelles; 11° les obligations des neutres. Onze chapitres sont consacrés à l'explication de ces causes.

Un premier chapitre, intitulé: *Les hommes chérissent la paix et pourtant ils font la guerre*, avait énoncé l'intention générale de l'ouvrage. Un treizième a pour titre: *Des causes de guerre sans nom.*

Ces treize chapitres composent une première partie. — Dans la seconde, l'auteur passe en revue les divers États de l'Europe, et indique quelles sont, au point de vue où il s'est placé, les dispositions des peuples dont il s'occupe successivement.

Une troisième partie est intitulée: *Le code et la haute cour des nations.* — Pour les sujets traités dans les deux premières parties, je renvoie à l'ouvrage les lecteurs qui peuvent s'appliquer à de persévérantes études; pour tous, je veux offrir une analyse et quelques réflexions sur la troisième partie.

La haute cour des nations, tribunal suprême dont les membres seraient nommés par tous les États européens, aurait pour mission de prononcer un arrêt définitif sur tous les conflits existant ou pouvant survenir entre les peuples; et de même qu'un tribunal français ou anglais termine par un jugement les procès qui s'élèvent entre les particuliers, la haute cour, par son arrêt, mettrait les peuples contendants dans l'impossibilité morale de prendre les armes pour discuter leurs prétentions.

On lira avec intérêt dans l'ouvrage les développements que comporte ce cadre et les propositions que l'auteur émet sur les formes et les attributions qui pourraient être données à cette cour suprême. — Cet exposé fait, viennent des objections. On dit à l'auteur : « Puisque les décisions de la haute cour ne seraient pas mises à exécution par la force, elles seraient sans valeur effective. » — Il répond : « Quand il y a des lois et des juges, l'opinion publique pousse les hommes (les particuliers) à renoncer à l'emploi de la force et ils y renoncent ; il en serait de même entre les peuples. Que la cour internationale soit établie, et l'opinion publique forcera tous les États à s'y soumettre, car cette opinion publique exerce encore plus d'empire sur les gouvernements que sur les individus, parce que leurs actes sont toujours publiés, commentés partout, et que leur autorité dépend de cette opinion souveraine. »

Ces observations de M. de Laveleye sur la puissance de l'opinion publique sont en accord avec ce qui est exposé dans le présent écrit ; et, à mon point de vue, j'ajoute ce qui suit : La puissance de l'opinion publique est fortement étayée sur les enseignements de la science économique; pourtant il semble qu'elle acquerrait une force plus péremptoire encore si on lui donnait pour appui le principe de bienveillance et d'équité considéré comme une prescription divine.

Les États européens qui auraient institué sur ces deux bases la cour suprême des nations auraient, pour faire exécuter ses arrêts, non-seulement l'influence de l'opinion publique, en faisant connaître le trouble que le rebelle apporterait aux intérêts de tous, mais seraient en droit d'agir par d'autres moyens que leur suggéreraient l'équité profondément blessée; ils pourraient, par exemple, priver le gouvernement ou l'État rebelle de toutes communications commerciales et diplomatiques avec les autres peuples; et cette souffrance imposée à une nombreuse population déterminerait certainement le prince et ses conseillers à obéir aux décisions de la justice internationale.

Si le gouvernement de la nation ainsi séquestrée, peu soucieux d'ailleurs des décrets de l'opinion publique, avait conservé ses formidables armements et voulait avoir recours aux combats, les autres peuples alors seraient contraints de prendre les armes pour défendre celui contre lequel le perturbateur dirigerait ses premières attaques; et, pour ce cas, il serait nécessaire que les gouvernements qui voudraient faire exécuter l'arrêt fussent en possession d'une force assez pondérante pour que ce perturbateur n'eût aucune chance de succès et n'osât pas même entreprendre la lutte; il faudrait donc, même avec l'existence de la haute cour, que si l'une des grandes puissances de l'Europe entretenait des armées nombreuses, que les autres puissances eussent comme elle des troupes considérables, toujours prêtes pour la guerre. Or l'entretien de pareilles masses militaires est une cause incessante de misère pour la très-grande majorité des pays qui sont tenus sur ce pied excessif, par ces deux raisons palpables que les hommes qui sont sous les drapeaux ne coopèrent pas à la production des richesses nationales, et qu'ils sont une charge pesante pour cette production ; le complément presque indispensable de l'institution d'une haute cour pacificatrice serait donc une réduction, chez tous les peuples européens, de leurs armées; réduction loyale et proportionnée qui ne laisserait dans chaque État que le nombre de soldats nécessaire au maintien de l'ordre intérieur.

Cette réduction serait tellement utile au bonheur de tous, que chacun de nous doit bien vivement seconder de tout son pouvoir, et encourager par ses éloges, les hommes d'État, les moralistes, les publicistes qui agissent, par tous les moyens légaux et praticables, pour arriver à ce résultat. En effet la morale veut qu'on délivre autant que possible les hommes de tous les maux que ne leur impose pas la nature! Les révolutions, les troubles apportés à la sécurité publique proviennent le plus ordinairement de ce que les richesses nationales ont été détournées des voies qu'elles devaient suivre et employées pour subvenir à des dépenses exorbitantes et particulièrement à des dépenses de guerre; c'est donc, répétons-le sous toutes les formes, un devoir essentiel de lutter incessamment contre cette déplorable guerre si féconde en désastres et en incessantes misères.

On a présenté, comme un obstacle dirimant à l'exécution de ces bienfaisants desseins, la haine que plusieurs peuples ressentent, dit-on, pour leurs voisins. Cet obstacle, nous l'espérons, disparaîtra, comme tous les autres, devant l'intérêt commun, dans lequel nous comprenons même celui des peuples haineux, et devant les prescriptions de la loi divine plus clairement envisagées. L'atténuation, puis l'extinction de cette haine, deviendra en quelque sorte facile si le peuple haï, plus sage, plus clairvoyant, plus généreux que son ennemi, se respecte assez lui-même pour écarter de ses dispositions un sentiment pareil, en prenant du reste les précautions qui doivent le mettre à l'abri de toute contrainte. Dans ce cas, le peuple haineux sentira promptement combien cette attitude est honteuse et injuste, en présence de la mansuétude de l'ennemi supposé. Il est probable que le gouvernement de ce peuple, ses prédicateurs, ses professeurs, ses écrivains emploieront toutes les formes persuasives dont ils disposent pour ramener le peuple égaré à contempler avec plus de sangfroid les griefs qui ont excité son courroux, à considérer que les générations se succèdent dans un court espace de temps, et que l'irritation provoquée par celles antérieures doit avoir un terme. Il est probable encore, en considération des bienfaits qu'une paix durable ferait naître pour tous, que le bon sens public, même dans le cas où les chefs ne guideraient pas les esprits comme il importe qu'ils le soient, finira par se faire jour malgré cet obstacle, et suppléerait à leur silence ou combattrait leurs excitations pour arriver aux sentiments meilleurs que lui indiquent l'équité et l'intérêt général. Les hommes, quoiqu'en aient dit certains poëtes, ne sont pas des bêtes féroces qui obéissent aveuglément, forcément, à des instincts, comme le lion ou le tigre; les hommes sont doués d'une raison qui les éclaire, d'une force morale qui leur permet de suivre les résolutions que le bon sens et la réflexion leur ont dictées. Il est par trop injurieux pour la très-grande majorité ou même la totalité des êtres humains de supposer que toujours ils se ravaleront au point de ressembler à ces animaux, soumis au seul instinct, que leur infime nature pousse mécaniquement, servilement, à la destruction et au carnage.

On ne sait pas, et il vaut mieux qu'on ignore, quel personnage a dit le premier ou répété ce mot : *la force prime le droit*, si semblable au *væ victis* des anciens Romains. Ce mot terrible exprime une vérité dans l'ordre *matériel* et *sensitif;* il est complétement faux, autant que barbare, dans l'ordre humain et *spirituel*. Cette cruelle maxime, qui a été trop habituellement mise en pratique par les princes et les peuples, doit être sévèrement blâmée, entièrement écartée par les hommes de tous les rangs qui comprennent leurs devoirs et leur destinée, car, si elle est en accord avec leurs dispositions sensitives et animales, elle blesse profondément leurs propensions supérieures qui les rendent dignes du nom d'homme et les facultés qui s'y rattachent.

La distinction que j'énonce entre l'ordre matériel et sensitif d'une part, et l'ordre humain et spirituel de l'autre, n'est point chimérique ; il importe beaucoup de la connaître et de la maintenir dans les pensées, comme dans les actions publiques ou privées, afin d'élever ceux qui sont en bas vers les hauteurs qu'ils doivent atteindre. De même qu'il y a dans la nature physique des distinctions d'ordre et de classes, il en a été établi dans les sociétés humaines ; mais les premières sont essentielles et dureront, les autres doivent être effacées peu à peu. Il faut faire de continuels efforts pour que les hommes qui étaient conduits par la force puissent plus tard avoir pour guide l'équité, le droit, le devoir, la volonté de s'élever au-dessus de la première condition d'animaux intelligents, pour arriver à celles d'hommes justes et supérieurs aux suggestions de l'instinct et de l'égoïsme cupide. Il y avait à Rome un ordre de patriciens et un ordre de plébéiens qui n'étaient pas régis par les mêmes lois, qui généralement n'étaient pas conduits par les mêmes mobiles. Dans l'Europe moderne on a vu un ordre populaire ou roturier, et un ordre nobiliaire ou aristocratique, au sein desquels (sauf exception) les motifs déterminants des actions n'étaient pas semblables : chez les nobles, ces motifs étaient l'honneur, l'orgueil du rang, la délicatesse dans les relations, et chez les roturiers la cupidité, l'intérêt d'argent, la bassesse ou au moins la souplesse aspirant toujours à des gains, par des moyens plus ou moins plausibles. Ces distinctions étaient tellement marquées, qu'on les avait consignées dans les lois : il y avait *légalement* un ordre de nobles et un ordre de roturiers. En France ces lois ont été abolies; et si, en fait, la distinction existe encore dans les mœurs, il est loisible à tout habitant de notre pays, sans avoir aucune formalité à remplir, aucun diplôme à solliciter, de passer de l'ordre des roturiers dans celui des nobles, en prenant pour guide de toutes ses pensées, de toutes ses actions les sentiments et les motifs que l'on supposait autrefois appartenir exclusivement aux membres de la noblesse.

C'est d'une façon semblable que les princes et les peuples peuvent passer de l'ordre matériel et sensitif, dans lequel on invoque la maxime : « la force prime le droit », à une région supérieure, à l'ordre véritablement humain, en adoptant pour règle de conduite la maxime inverse : « le droit prime la force », ou, en d'autres termes plus explicites : *la force doit toujours se subordonner au droit.* Si plusieurs princes ou plusieurs peuples voulaient fermement monter ce degré, ils devraient tout d'abord avoir assez de prudence pour se méfier des entraînements auxquels les souvenirs du passé et les conjonctures du moment pourraient les conduire dans le sens condamnable, et ils institueraient parmi eux le tribunal politique dont nous avons parlé, qui, par ses décisions, déterminerait ce droit que leurs sentiments de vraie noblesse les engageraient à faire passer avant la force.

La force accompagnée de la ruse a presque toujours réussi dans le monde. Elle a créé l'empire romain ; elle a donné au Macédonien la domination de l'Asie et de la Grèce. Tous les brillants succès des princes et des généraux ont-ils rendu plus heureux les peuples auxquels ils commandaient? On peut en douter. Mais, s'il est contestable qu'ils aient assuré la félicité des vainqueurs, il est certain qu'ils ont jeté les vaincus en d'effroyables misères. C'est donc avec raison que nous avons rangé ces triomphes iniques dans l'ordre matériel et animal ; les succès de ces princes et de ces généraux étaient ceux du lion et du tigre qui dévorent la proie qu'ils ont terrassée. Tout différents sont les succès obtenus dans l'ordre humain et spirituel, c'est-à-dire ceux qui ont couronné les efforts de la raison, de la philosophie, et plus particulièrement du christianisme. Ceux-là, contribuant au bonheur de tous les hommes, devaient avoir et ont eu une tout autre durée que ceux de Rome ou de « l'écervelé qui mit l'Asie en cendres. »

Si ces réflexions sont favorablement accueillies, que devront faire les hommes qui voudront former la nouvelle noblesse dont nous avons désigné le caractère? Se munir des talents et de la puissance nécessaires pour résister victorieusement à ceux pour lesquels la force est la suprême loi; appeler dans leurs cadres ces millions de coopérateurs qui auront compris que c'est dans l'accomplissement des ordres divins, dans le respect d'autrui, dans la bienveillance, et non dans le triomphe de la force, que se trouvent la dignité morale et le bonheur ; dans ces cadres ne seraient admis qu'avec réserve, les hommes vains et frivoles dont les prodigalités, ayant presque toujours pour but d'humilier leurs semblables, rendent ceux qui aiment trop vivement les parures très-accessibles aux séductions que la force, *primant le droit*, déploierait pour les acquérir à ses maximes, et faire servir au funeste accomplissement de ses œuvres.

Devant l'adoption de ces conseils disparaîtraient les haines nationales et les instincts perturbateurs, présentés comme des obstacles qui toujours s'opposeraient à l'avénement de la paix et de l'équité. Non, non ! ces obstacles ne sont pas, comme on l'a dit, invincibles.

CHAPITRE XIX

LES RELATIONS INTERNATIONALES

Le tableau effectif et actuel des relations internationales de l'Europe est présenté avec beaucoup de précision dans l'ouvrage déjà nommé intitulé : *le Droit public* et *l'Europe moderne*, de M. le vicomte de la Guéronnière, ancien ambassadeur de France à Constantinople, publié en 1876. J'emprunterai à cet ouvrage, écrit au point de vue moral comme le présent opuscule qui sur tous les points le salue humblement, presque toutes les observations qui formeront le chapitre qu'on va lire.

Une des intentions principales de ce livre est de montrer *historiquement* que, depuis le temps de Charlemagne, les notions et les dispositions positives du droit public en Europe ont été presque continuellement développées avec de notables tendances vers l'équité et l'unification morale des peuples. Cette tendance a subi une forte éclipse il y a cinq ans, espérons que cette rétrogradation momentanée ne détruira pas la marche du progrès. « Les traités qui ont suivi la guerre de 1870-71, dit M. de la Guéronnière (p. 390, 2e volume), ont eu pour effets de placer hors du droit public, de ses principes, de ses traditions, la société européenne ; comment peut-elle y rentrer ? Telle est la grave question dont l'examen doit clore ce travail. Il y a deux sortes de traités de paix : il y a ceux qui font cesser la guerre, en maintenant les causes qui l'avaient fait naître, après les avoir aggravées par des batailles sanglantes ; il y a ceux qui, en attribuant au vainqueur la part légitime de la victoire, laissent à la nation dont la fortune a trahi les armes des conditions d'indépendance, de sécurité et de libre existence. L'histoire montre que cette modération est toujours de la sagesse et de la prévoyance... La force ne crée pas le droit, elle en est, dans de certaines conjonctures, l'arme et l'égide; mais quand la guerre est finie, le droit reprend son légitime et nécessaire ascendant. C'est pourquoi les traités de paix doivent concilier dans une large et juste mesure ce que la victoire réclame et ce que la patrie impose....

« Pourquoi l'Allemagne, si rapidement agrandie et constituée, reste-t-elle inquiète après la victoire? Pourquoi les grands États avec lesquels ses relations nationales se sont resserrées en apparences sont-ils cependant si troublés? Pourquoi les petits États se sentent-ils si menacés? Pourquoi les paroles d'amitié et presque d'alliance échangées entre Pétersbourg, Vienne, Rome et Berlin, paraissent-elles sans portée et presque sans sincérité? Parce que la paix de Francfort, au lieu d'être une paix européenne, est une paix prussienne (394). »

« La sauvegarde de la paix est encore bien fragile; elle repose sur cette condition essentielle : que, sous la république, la France obtienne par sa sagesse la confiance et la sympathie que lui méritait son principe sous la monarchie. Mais si elle dépendait uniquement de la modération du vainqueur et de la patience du vaincu, ce ne serait pas assez; heureusement, elle a une base plus solide : c'est l'intérêt de toutes les puissances liées par la paix européenne (396). »

« La politique de la guerre, disons-le à l'honneur de notre raison publique, si capable de s'épurer et de s'élever quand c'est de l'intérêt national qu'il s'agit, est répudiée par tous les partis. En France, le parti de la guerre n'existe pas (398). »

Ces observations du savant et habile publiciste, cette similitude des intérêts dans toute l'Europe, peuvent nous inspirer des espérances de paix, nous donner même une certaine sécurité. Mais on a vu si souvent les conflits les plus désastreux s'élever entre les souverains sous des prétextes ou par des causes inattendues et en apparence très-futiles, que l'on ne doit pas rester en complète assurance dans les effets probables de la situation présente ; qu'il faut, dans l'intérêt de l'humanité, persévérer vivement dans le désir de voir réaliser aussi promptement que possible l'institution de la haute cour nationale (du tribunal politique), seule capable de mettre un frein à ces exaspérations, ou prévues ou fortuites, qui, malgré les conseils de la raison et des intérêts peuvent engendrer la guerre. L'opinion publique, en insistant par des supplications respectueuses mais fermes et incessantes, afin d'arriver à ce but, combat pour ses intérêts et aussi pour son *droit*, puisque les sociétés, suivant la loi divine, ont été formées pour l'accroissement continu du perfectionnement moral et du bonheur des hommes, et que rien ne nuit plus à l'un et à l'autre que l'horrible guerre.

Dans cette vue, chaque peuple, guidé par la religion, par ses philosophes, par ses littérateurs, doit faire en sorte d'établir chez lui, en ménageant toutes les convenances, en confiant ses affaires à des hommes probes, judicieux, éclairés, cette paix qu'il voudrait voir régner dans le monde. L'exemple qu'il donnera ainsi produira les plus utiles effets; chacun sentira qu'un tel peuple est trop ami de l'équité pour qu'on ait rien à redouter de lui ; on aspirera certainement à lui ressembler; les esprits s'apaiseront. Et si ce peuple fait des conquêtes, elles seront toutes pacifiques, c'est-à-dire que ses lois, ses coutumes, sa littérature, s'introduiront chez les autres nations, par la raison qu'elles sont plus que d'autres favorables à l'accomplissement des destinées humaines.

CHAPITRE XX

L'ART DE GOUVERNER

Il y a plus de deux mille ans, Confucius écrivait :

« Pour bien gouverner un royaume, il faut s'attacher auparavant à mettre le bon ordre dans sa famille. Pour mettre le bon ordre dans sa famille, il faut auparavant se corriger soi-même de toute passion vicieuse. »

Nous croyons que cette observation, si simple et si pratique, peut encore être prise pour règle.

Le président, *rééligible*, de notre républible française, étant, sur plusieurs points, un *roi temporaire*, j'emploierai indifféremment dans la paraphrase de cette observation les mots roi, prince, président de république ou Chef de l'État.

Préférer les grandeurs de *sa maison* aux intérêts de la patrie ; placer ses convenances personnelles ou l'exubérance de ses ambitions au dessus du bonheur de plusieurs millions d'hommes serait indubitablement une *passion vicieuse* chez un roi ou chez un président de république. Le premier soin du prince ou du magistrat, s'il ressent quelque propension de cette nature, doit donc être de *corriger* la *passion blâmable*, de la réfréner, de l'annihiler.

L'amour de la patrie ayant triomphé de la fâcheuse tendance, le prince se demandera, je suppose, ce qu'il y a de plausible dans le principe très-connu présenté ci-dessus comme une prescription divine : « Tous les hommes doivent contribuer dans la mesure de leurs forces et du possible au perfectionnement moral et au bonheur les uns des autres. »

Très-probablement il approuvera la maxime; alors, sans se préoccuper des cupidités et des intérêts qui s'agitent autour de lui, il prendra pour règle la prescription morale non-seulement dans la direction de sa propre conduite, mais dans le choix de ses ministres; il tiendra positivement à ce que chacun d'eux l'admette, en théorie et en pratique, déterminé à le vouloir par cette double raison : 1° qu'il se croit obligé moralement à n'accueillir sur ce point aucune transaction; 2° qu'il sait que les hommes justes et bons, rendus heureux par l'effet de ces qualités, étant plus faciles à gouverner que les turbulents et les avides, il sera moins exposé, en agissant ainsi, à rencontrer des obstacles ou des prétentions qui entraveraient ses généreux desseins, que s'il avait négligé cette mesure de prudence.

Il est dans la nature des choses que fort

peu de mécontentements et d'oppositions se produisent dans un État dont le chef suprême et ses ministres, pénétrés du principe moral et gouvernemental ci-dessus énoncé, surveillent leurs subordonnés à tous les degrés, de manière à ce que ce principe et ses conséquences s'infiltrent dans l'esprit des administrateurs et des particuliers. Cependant, rien n'est parfait en ce monde, des réclamations peuvent survenir, que fera le prince en cette occurence? Apercevant ces germes de souffrance, à différents signes et notamment par les feuilles publiques dont il se fera remettre chaque jour des extraits, il jugera, seul ou en prenant conseil, le mérite de ces réclamations. Si elles sont fondées, il déterminera les concessions que l'équité, la générosité lui feront regarder comme opportunes ; si elles ne le sont pas, il fera publier une discussion et un refus ; mais, dans tous les cas, avant de faire connaître ses résolutions, il usera de prudence, et s'entourera d'une force armée suffisante pour qu'on ne puisse le contraindre à excéder la mesure des concessions qu'il aura cru pouvoir faire sans péril pour lui et pour l'État, ou à changer la situation présente s'il a jugé à propos de s'y maintenir. Sans vouloir critiquer le gouvernement qui régissait la France en 1848, plusieurs personnes ont pensé qu'on aurait pu éviter la funeste catastrophe qui a éclaté dans cette année, en modifiant un peu la loi électorale; ou même si on jugeait nécessaire de refuser un abaissement du cens, en rassemblant à Paris les ressources que l'on possédait, et à triompher des murmures soit par une victoire éclatante, soit par le déploiement d'une force militaire qui aurait rendu la position inexpugnable, et prévenu le combat. Dans un État comme la France, il est facile au prince qui dispose des trésors, des emplois, de l'armée, de se mettre à l'abri d'une surprise, et de faire subsister toutes les lois, tous les usages dont l'équité et l'intérêt public réclament la durée.

Il est nécessaire, je le sens, pour que ces forces gouvernementales soient utilement employées, que le chef de l'État se montre constamment attentif, laborieux, animé par le désir du bien ; mais il ne faut pas s'imaginer que les soins qu'il doit prendre pour obtenir ces lumières et cette rectitude de volonté le condamnent à une austérité approchant de la souffrance. Point du tout. Le chef habile n'aura nullement besoin de se concentrer dans cet ascétisme, dans ce pur devoir tel que l'entendent certaines doctrines. Au contraire, il sera incessamment et largement récompensé de ses travaux, de ses méditations par le contentement vif, profond, continuel, qu'éprouve une grande âme qui a pu répandre des bienfaits ; par l'affection qu'il inspirera aux hommes recommandables réunis autour de lui ; par les marques de respect déférées à sa haute position et à ses vertus ; par l'aspect et l'usage, dans sa demeure, dans ses diverses demeures, des productions dues aux arts, à l'industrie, à la littérature, dont il disposera en maître absolu. De tels avantages méritent bien que l'on se livre à quelques travaux pour faire subsister la position qui les assure.

Je crois ne pas me tromper en disant que, chez une nation intelligente et loyale, un des appuis les plus solides du pouvoir est la *sincérité* du prince et l'opinion que l'on a de cette sincérité. Quand cette qualité existe et est bien connue, il s'établit entre le gouvernement et les populations une confiance réciproque, un courant de communications bienveillantes qui calment les esprits, et leur inspirent la pensée que les manœuvres frauduleuses qui tendraient à troubler la sécurité publique seront promptement dévoilées, que les améliorations réalisables seront successivement introduites, soit par l'initiative gouvernementale, soit par suite des indications qu'auraient données les assemblées représentatives. Alors, dans cet état des esprits, le gouvernement, les assemblées, les administrés deviennent en quelque sorte une même personne dont les conseillers se concertent pour arriver à un but nettement désigné qu'il est profitable à tous d'atteindre, et que l'on atteindra certainement aussitôt que le permettra le développement des conjonctures sociales au perfectionnement desquelles chacun apporte franchement et affectueusement son tribut.

De cette dernière remarque il ne faut pas induire que, à mon avis, les gouvernements, qui depuis un siècle se sont succédés en France, ont échoué, parce qu'ils auraient manqué de sincérité. Ces déplorables événements peuvent être produits par des causes diverses. Il appartient à l'histoire de rechercher ces causes multiples et de les faire connaître avec preuves à l'appui pour l'instruction des contemporains et de la postérité.

Veuillez, lecteurs, ne pas dédaigner ces aperçus, quelque présomptueux qu'ils aient pu vous paraître, et permettre qu'afin de les justifier je leur donne pour soutien quelques maximes empruntées à des sages accrédités.

1° Confucius déjà cité a écrit : « Traiter légèrement la base fondamentale ou le principe rationnel et moral, et faire beaucoup de cas de l'accessoire ou des richesses, c'est pervertir les sentiments du peuple, et l'exciter au vol et aux rapines.

2° Et encore : « Si on gouverne le peuple selon les lois d'une bonne administration, et qu'on le maintienne dans l'ordre par la crainte du supplice, il sera circonspect dans sa conduite, sans rougir de ses mauvaises actions; mais si on le gouverne selon les principes de la vertu, et qu'on le maintienne dans l'ordre par les lois de la politesse sociale — qui n'est que la loi du ciel — il éprouvera de la honte d'une mauvaise action et il avancera dans le chemin de la vertu. »

3° « Les lois, dit Montesquieu, doivent être tellement propres au peuple pour lequel elles sont faites, que c'est un très-grand hasard si celles d'une nation peuvent convenir à une autre. »

De cette juste observation, on doit tirer, ce me semble, pour la pratique, les conclusions suivantes : les lois acquièrent pour le temps une puissance qui augmente le respect qu'elles doivent inspirer à tous, et qui rend plus facile l'exécution de ce qu'elles prescrivent. Cependant il arrive quelquefois que, même à une faible distance de temps, les idées, les mœurs d'un peuple aient subi, soit en bien soit en mal, de très-notables variations. Dans ce cas, il est prudent de modifier les lois qui le régissent, car le peuple ainsi perfectionné ou dépravé n'est plus réellement le peuple auquel convenaient les lois anciennes.

4° « N'entame pas un projet qui doive tourner contre toi-même. — Veux-tu être invincible, ne t'expose pas à une guerre où tu ne sois pas sûr de remporter la victoire. »

(*Epictète.*)

5° Un article de *Revue* disait dernièrement, en parlant du *tchine russe* :

« Toute hiérarchie de cette nature ne saurait avoir d'autre type que le service de l'État, d'autre mesure que les fonctions publiques; par là même, en donnant une prime aux emplois et aux carrières de l'État, ce classement ne peut qu'encourager la chasse aux places, le fonctionarisme, décourager d'autant le travail libre, intellectuel et matériel, et briser le grand ressort de notre civilisation l'initiative individuelle.

« La chasse aux places produit de graves inconvénients, elle est dangereuse pour l'intérêt public, et en outre, l'opinion qui la produit est contraire à tout ordre moral, parce qu'elle fait perdre de vue ce point capital: que dans un État, tous les hommes, quelque profession qu'ils exercent, sont utiles les uns aux autres, d'où la conséquence qu'ils doivent user dans leurs rapports d'une bienveillance réciproque. »

6° Les institutions durables sont celles qui disposent les hommes à contribuer au perfectionnement et au bonheur les uns des autres, comme à la prospérité de la patrie commune. Les institutions qui ont pour effet d'aviver l'orgueil chez quelques-uns, et en conséquence d'accroître les dissentiments entre les divers membres du corps social, sont, de leur nature, transitoires, parce qu'elles renferment et enfantent des conflits. On a vu des princes, des généraux, des savants, comprimer la reconnaissance qu'ils avaient méritée, et faire regretter leur succès, parce qu'ils ont voulu *faire payer trop cher* les services rendus, en humiliant leurs concitoyens. Les plébéiens de Rome, avant d'être admissibles au consulat, trouvaient que les patriciens faisaient payer trop cher leurs services.

CHAPITRE XXI

L'AVENIR ULTRA-TERRESTRE

Reprenons, pour la compléter, une image déjà indiquée plus haut (chap. 12, *éducation*).

Un enfant est né avec une vive intelligence, une mémoire féconde, une ingénieuse sagacité, mais aussi avec des propensions marquées à l'égoïsme, à la colère, à l'orgueil. Si on cultive cette intelligence, sans prendre des soins suffisants pour modifier, par des observations judicieuses ou même par des châtiments, les fâcheuses tendances de son caractère, cet enfant pourra devenir un personnage très-brillant, mais aussi très-malheureux et peut-être très-coupable. Si au contraire, grâce aux bonnes directions que lui auront fait prendre son père et ses professeurs, le jeune homme sait combattre victorieusement la colère par l'empire de soi, l'égoïsme par la générosité, l'orgueil par l'équité et l'amour du prochain, les belles qualités de son esprit lui seront entièrement profitables; il méritera la considération publique, comme sa propre estime et tous les autres succès.

Les hommes, pour accomplir leurs destinées aussi dignement, aussi heureusement qu'il est possible, doivent mettre en œuvre toutes les forces que leur a départies le créateur; s'ils en négligent ou en laissent atrophier quelques-unes, ils souffrent par les défectuosités qui résultent de cette erreur ou de cette paresse. Le Tout-Puissant ayant déposé dans l'âme humaine le germe du sentiment religieux, si un peuple ou un individu ne développe pas ce sentiment ou le laisse sans action effective, il sera privé, par cette faute, d'une partie des forces qui pourraient le conduire au perfectionnement et au bonheur.

Le sentiment religieux fait concevoir aux hommes les idées les plus hautes sur la puissance, la justice, la bonté du créateur; il affirme l'immortalité de l'âme appelée à recevoir dans une vie ultérieure la récompense des bonnes actions accomplies ici-bas, ou à subir la punition des fautes commises. Cette conception, ces croyances sont le soutien presque indispensable de la doctrine que j'expose dans cet essai. Un mobile puissant est nécessaire, ou habituellement ou au moins dans quelques conjonctures, pour qu'un homme animé de louables intentions persiste, malgré l'ingratitude, les méfaits d'autrui, les sollicitations de l'orgueil et de la cupidité, dans le dessein de contribuer au bonheur de ces ingrats, concitoyens ou étrangers, qui semblent si peu mériter sa bienveillance. Les mobiles terrestres peuvent, théoriquement, aux yeux de la raison, paraître suffisants pour soutenir son courage, mais, en fait, il est constant que la perspective des rémunérations réservées par le Tout-Puissant à ceux qui ont accompli sa loi est souvent nécessaire pour réveiller ce courage quand il s'affaisse devant les obstacles, pour consolider ses résolutions, ranimer ses forces; souvent c'est grâce à cette perspective que le bonheur de la patrie, celui du genre humain conserve un coopérateur.

Tous les hommes ne savent pas se maintenir dans la foi chrétienne; quelques-uns, entraînés par le mouvement des affaires à des habitudes d'investigation, demandent des *preuves* même des deux vérités fondamentales: l'existence de Dieu et l'immortalité de l'âme. Le christianisme leur en offre, mais en exigeant une confiance aveugle;

ils ne s'en contentent pas et veulent des démonstrations; la philosophie, s'accordant d'ailleurs avec la religion, croit pouvoir les satisfaire. Un opuscule récent intitulé : *Les destinées de l'âme*, que l'on peut considérer comme partie intégrante du présent essai, ajoute aux preuves scientifiques des deux grandes vérités déjà fournies par les ouvrages qu'il relate, de nouvelles démonstrations; nous demandons, dans l'intérêt de la théorie présentement exposée, qu'on veuille bien le consulter.

On rencontre dans l'opuscule des hypothèses sur les formes de l'existence ultra-terrestre; mais l'auteur déclare que ce sont de simples *accessoires;* que le *principal* auquel tend son écrit est la démonstration des deux vérités essentielles. « La Providence divine, dit-il, a fait mieux pour l'accomplissement de ses desseins, que tout ce que peut imaginer la pensée humaine. » Toutefois il estime que ces hypothèses, maintenues dans leur place secondaire, présentent une réelle utilité en ce qu'elles appellent l'esprit humain vers les vastes régions qu'il lui est très-profitable de parcourir afin de mieux apprécier les choses de la terre. Combien en effet sont vives et pénétrantes les clartés que les pensées de cet ordre répandent sur tout ce qui se passe ici-bas! Combien elles sont puissantes pour aider chacun de nous à se contenter du sort que les circonstances lui ont attribué sur la terre, en lui affirmant qu'il trouvera dans un monde supérieur les compensations que l'équité divine réserve aux hommes qui auront marché constamment dans la route du bien, qui, dans quelque position que ce soit, auront contribué efficacement au perfectionnement et au bonheur des autres hommes. Quelles réflexions salutaires elles inspireront aux ambitieux, prêts à tout immoler, honneur, équité, serments, pour satisfaire leurs passions, lorsqu'ils remarqueront en les consultant par quels faux calculs ils seraient trompés si, pour acquérir avec mille peines des biens éphémères, ils abandonnaient les trésors durables que l'obéissance aux lois du Tout-Puissant peut leur faire mériter. L'humanité gagnerait beaucoup à ce que l'opinion publique, à tous les étages, plaçât les qualités morales qui seront récompensées dans les demeures célestes au-dessus des avantages matériels, par lesquels les hommes se classent et se distinguent en ce monde ; à ce que les directions données aux esprits dans ce sens fissent surnager cette réflexion : « L'homme est petit par son corps, et par les ornements qui le couvrent ; il est très-grand par son âme et par les vertus qu'elle recèle. »

La religion offre des encouragements, des consolations aux âmes qu'une foi inaltérée place entièrement dans son sein ; mais la philosophie, telle que nous l'entendons, présente aussi des secours aux esprits moins dociles qui ont rencontré sur leur route quelques-uns des fruits qu'a fait naître l'*arbre de la science*. Le Créateur nous ayant donné deux tendances diverses, la *foi*, qui se soumet facilement, et la *raison*, qui aspire à explorer, à comprendre l'œuvre divine, il semble que l'on doive faire des efforts non pour donner à l'une de ces facultés une prépondérance qui éclipserait totalement l'autre, mais pour les concilier de façon à ce qu'elles agissent conjointement dans le but de nous éclairer et de combattre les passions qui compromettent le genre humain ; pour conduire chacun de nous vers l'accomplissement de ses hautes destinées

CONCLUSIONS DE LA PHILOSOPHIE

Voici, en résumé, ce que nous dit cette philosophie : jugez si elle est digne de s'allier avec la religion.

On renverserait toutes les notions d'ordre et d'équité qui s'imposent à l'esprit humain, ou au moins on serait en contradiction avec elles, en supposant que des âmes qui se sont manifestées par des conceptions généreuses ou d'éclatantes pensées, comme celles des bienfaiteurs de l'humanité, Platon, Marc-Aurèle, saint Vincent de Paul, Fénelon, Thomas Payne et autres, ont péri avec les organismes corporels qu'elles ont animés sur cette terre où elles n'ont pu recevoir des récompenses proportionnées à leurs vertus. Non, ce qu'un homme juste ne ferait pas, le Créateur de l'univers ne l'a pas fait; ces âmes ont survécu à l'organisme physique; elles continuent leur existence dans un autre lieu de l'univers, car l'univers tout entier appartient au Créateur. Or, comme les âmes de tous les humains ont entre elles une ressemblance capitale, *la liberté morale*, on peut être assuré, en conséquence de ces notions d'ordre et d'équité, que toutes les âmes humaines continuent de vivre, après l'extinction corporelle, pour recevoir des récompenses ou des punitions, dans un lieu de ce vaste univers, autre que le globe terrestre dont la mort de l'organisme les a exilées.

OBSERVATIONS PRATIQUES

Je soumets à qui de droit les observations suivantes, en déclarant que mon dessein est d'offrir à tous un moyen de conciliation. J'espère qu'elles ne dépassent pas les limites que trace la prudence.

L'expérience a démontré que la philosophie est insuffisante pour faire arriver les peuples au bien, à l'équité, à la paix, à la concorde ; il faut, pour atteindre ce but, ajouter à ces préceptes la crainte et l'amour de Dieu.

D'un autre côté, l'expérience a aussi prouvé que les religions, qui inspirent cette crainte ou cet amour, qui prescrivent de prier Dieu avec des formes spéciales, n'ont pas toujours réussi à conserver la concorde, quand elles ont négligé, dans leurs enseignements ou dans leurs actes, les préceptes de la philosophie.

Socrate, Platon, Marc-Aurèle ont apporté d'heureuses modifications dans les conceptions de l'esprit humain ; cependant leurs doctrines, ne faisant agir que secondairement les moteurs principaux des religions, n'ont exercé, dans chaque siècle, une influence effective, que sur quelques milliers ou quelques centaines de personnes. — La religion chrétienne compte depuis longtemps ses disciples par millions. Mais après que les persécutions qu'elle a subies eurent cessé, lorsqu'elle eut senti sa force, ses principaux ministres, ou au moins plusieurs d'entre eux, ont perdu de vue ou laissé éclipser dans leur esprit, par l'ambition, par le désir de dominer, la haute philosophie que contient l'Évangile ; et le mal gagnant de proche en proche, la religion n'a plus conduit ses adeptes, autant qu'elle aurait pu le faire, à l'équité, à la paix, à la concorde.

Les catholiques, autorisés par les affirmations les plus élevées, ont regardé leurs croyances comme l'unique expression de la vérité, à un tel point qu'ils se sont fait un devoir de combattre, avec un rigoureux exclusivisme, même par l'emploi des armes coercitives, toutes les opinions que l'Église n'avait pas adoptées. De là sont nées des querelles violentes, des persécutions, des guerres. S'ils avaient, sans abandonner aucune de leurs croyances, accueilli quelques-unes des maximes plausibles de la philosophie, ils n'auraient pas ainsi troublé la paix. L'une de ces maximes dit à tous les hommes : *Ne fais pas à autrui ce que tu ne voudrais pas qu'il te fût fait.* Proclamée, mise en œuvre, cette maxime leur aurait fait comprendre, dans leur intérêt légitime, dans celui de la religion, que le protestant, le juif, le simple théiste attachent aux croyances qu'ils ont reçues de leurs pères, ou qui sont nées de leurs méditations, une importance semblable à celle que le catholique voit dans les prescriptions de l'Église ; que conséquemment, si on veut conserver la paix entre les hommes, il n'est pas plus permis aux catholiques de combattre *violemment* les croyances des protestants et des juifs, qu'il ne l'est à ceux-ci d'agir de cette sorte envers les catholiques.

Il semble, qu'en admettant ce principe, les disciples de chaque religion auraient pu exercer le prosélytisme, auquel ne renoncent pas facilement les fortes convictions intellectuelles, par la voie de la persuasion, qui, maintenue dans les bornes que désignent la raison et l'amour du prochain, n'engendre pas de troubles. On l'a essayé, mais avec peu de succès ; probablement parce que les discussions ne se sont pas renfermées dans les limites désirables.

Peut-être faut-il, aujourd'hui, recourir presque uniquement à cette méthode, déjà usitée, suivant laquelle chacune des nuances religieuses s'efforcerait de prouver la vérité, la supériorité des croyances qui la dirige, en accroissant chez ses adeptes l'esprit d'équité, de modération, de bienveillance, qui toujours conserve la paix ; en secourant ses malades, ses pauvres, ses délaissés, et même ceux appartenant aux autres religions, avec un zèle constamment et manifestement désintéressé.

Cette manière d'agir attirerait vers la croyance qui l'aurait dictée la confiance, avec la gratitude, de ceux qui auraient ressenti ses profitables effets ; et une telle émulation vers le bien produirait, en fort peu de temps peut-être, le résultat souhaité : tous les habitants de la France, sauf des exceptions peu nombreuses, deviendraient *sincèrement* religieux.

Je souligne le mot sincèrement, parce

que, en France, comme je l'ai déjà remarqué, on attribue une valeur capitale à la sincérité. Celle que l'on rencontre chez les supérieurs facilite beaucoup l'accomplissement des œuvres qu'ils ont entreprises; elle se propage promptement chez les obligés, et devient un appui assuré de la concorde, parce qu'elle est le signe de l'honneur si cher à la nation.

Les philosophes, alors, certains de n'être pas heurtés par des inimitiés, useraient de leur liberté pour se rallier à la religion qui aurait le plus contribué à la prospérité et au bonheur de la patrie. Sous l'influence de cette religion bienfaitrice, les formules qu'ils auraient apprises dans leur enfance reprendraient pour eux un nouveau caractère de solennité.

CHAPITRE XXII

LE COURAGE

L'œuvre à laquelle le présent écrit entreprend de coopérer est tellement importante, que nous ne devons pas craindre de présenter plusieurs fois les mêmes pensées, afin d'accroître les effets qu'elles peuvent produire.

Nous allons parler encore, mais avec plus d'insistance que nous ne l'avons fait, des mobiles de notre conduite.

Deux puissances déterminent l'action des hommes, l'*intelligence* et la *volonté*. Chacune d'elles, pour remplir convenablement l'office qui lui est dévolu, a besoin du secours qu'elle trouve dans l'exercice, bien dirigé, de ses propres forces : l'intelligence, pour éviter les erreurs qui pourraient la séduire, a besoin d'être éclairée par le *savoir* et par la *réflexion* ; la volonté ne marche sûrement vers le but qu'a désigné l'intelligence, que si elle a conquis, et si elle prend pour soutien cette qualité, qu'elle produit elle-même, et qu'on appelle le COURAGE.

Ce n'est pas assez de bien penser, de bien conclure, de prendre de louables résolutions, il faut exécuter ; et pour cela le courage offre une utilité capitale. Cette qualité joue un si grand rôle dans la vie humaine, elle produit des effets si précieux, qu'il n'est presque pas d'auteurs qui ne l'ait célébrée. « Du courage, toujours du courage, s'écrie Sylvio Pellico, il n'y a de vertu qu'à cette condition. *Courage* pour vaincre votre égoïsme et devenir bienfaisant ; *courage* pour vaincre votre indolence et avancer dans les voies honorables de l'étude; *courage* pour défendre la patrie et secourir votre semblable en toute rencontre; *courage* pour résister aux mauvais exemples et aux injustes dérisions; *courage* pour endurer et les maladies, et les peines, et les angoisses de tout genre, sans misérables lamentations; *courage* pour aspirer à une perfection, qu'on ne peut atteindre sur la terre, mais à laquelle il faut aspirer, suivant la parole sublime de l'Évangile, si nous ne voulons pas perdre toute noblesse d'âme. »

« Le courage, dit Fénelon, ne consiste pas seulement à mépriser la mort dans les dangers de la guerre, mais encore à fouler aux pieds les trop grandes richesses et les plaisirs honteux. »

« Tâchez par la patience et le courage de vaincre la cruelle fortune qui vous persécute. »

« Le courage, remarque Vauvenargues,

a plus de ressources contre les disgrâces que la raison. »

Le courage moral, celui qui prend sa source dans les habitudes que lui a fait contracter la volonté, et qui, à son tour, fortifie la volonté dans les occasions où elle pourrait faiblir, est une des qualités qui distinguent l'homme des animaux, celle qui constitue l'un des signes les plus éclatants de la dignité humaine. L'animal obéit toujours à une force supérieure. La peur, la colère, l'avidité, l'entraînent parfois à résister pour un moment ; mais il finit toujours par obéir. L'homme résiste *absolument* quand le devoir le lui ordonne, et qu'il a su armer sa volonté de tout le courage dont le Créateur l'a rendu capable.

On a dit : « Dans les troubles civils, le difficile n'est pas d'accomplir son devoir, mais de le connaître. » Cette pensée me paraît inexacte. Je crois que, en toutes circonstances, il est facile de connaître son devoir, mais que ce sont souvent le courage, la ferme volonté de l'accomplir qui font défaut. — On est instruit de son devoir par la conscience, par le bon sens, par la raison, par des maximes telles que celle-ci :

« Ne fais pas aux autres ce que tu ne voudrais pas qui te fût fait.

« Abstiens-toi de faire ce que tu ne pourrais pas déclarer hautement devant les gens de bien.

« N'agis pas comme font les êtres purement sensitifs qui ne connaissent que l'avidité, la peur ou la colère. »

Tibère, Caligula, Néron, Danton, Carrier, Robespierre, savaient très-bien qu'ils commettaient des crimes. Mais les trois premiers obéissaient à leur orgueil, à leur sensualité, qu'ils n'avaient pas la volonté de réprimer, parce qu'ils méprisaient le genre humain ; les autres suivaient la funeste impulsion de leur férocité ou de leur ambition, tout en sachant bien qu'ils manquaient à tous les devoirs qu'impose l'humanité, parce qu'ils n'avaient pas le courage de résister à leurs entraînements, ou de braver les dangers que, dans les cruelles conjoncture qu'ils avaient provoquées, pouvait leur faire courir la modération.

Chez plusieurs peuples, le courage guerrier s'est transmis de génération en génération, par les influences héréditaires et l'éducation, à tel point que tous les hommes qui naissent chez ces peuples n'ont presque aucun effort à faire pour s'exposer valeureusement aux périls qu'engendrent les combats; la chaleur du sang, la crainte de la honte, le sentiment de l'honneur, et un certain orgueil qui s'anime en présence des spectateurs, éloignent d'eux la crainte des blessures ou de la mort. Et souvent, chez ces mêmes peuples, le courage civil, celui qui doit lutter contre les pertes de fortune ou les suggestions de l'orgueil, est presque nul; il n'existe que dans un petit nombre de personnes, que l'éducation et surtout la réflexion ont placées au-dessus du vulgaire. Cependant le courage civil n'est pas moins nécessaire que la bravoure intrépide, tantôt pour conserver l'honneur véritable, tantôt pour marcher vers le but civilisateur que la loi divine nous désigne. Rendons plus sensibles par des exemples les obstacles à surmonter et les efforts imposés au courage que la réflexion produit.

Un grand personnage est en quelque sorte autorisé par sa fortune, par sa naissance, par les hautes fonctions dont il est investi, par les insignes qui le décorent, à regarder avec dédain, sinon avec mépris, les autres hommes qui n'ont ni ancêtres, ni richesses, qui remplissent des fonctions subalternes, ou sont, par des travaux mécaniques, placés encore moins haut dans l'échelle sociale. L'orgueil, l'égoïsme invitent ce supérieur à prendre, dans toutes les relations de la vie, une attitude altière, un accent d'incommensurable hauteur; mais la loi divine lui dit qu'il est moralement obligé à contribuer au bonheur de ces autres hommes; qu'il doit en conséquence user des avantages qu'il possède pour adoucir le sort des pauvres, secourir les faibles, rectifier, s'il le peut, ce qu'auraient de défectueux les institutions sociales; qu'il doit, en conséquence, s'abstenir avec soin d'humilier aucun de ceux qui l'entourent, quand ceux-ci ne le blessent pas lui-même par de ridicules et injustes prétentions; car l'humiliation subie est une des causes les plus actives soit des douleurs privées, soit des troubles publics. Tel est le devoir de ce grand personnage que j'ose mettre en scène; il est facile pour lui comme pour tous de le constater. Mais, d'un autre côté, il faut le reconnaître en regardant les réalités; cet homme si haut placé n'écoutera les injonctions salutaires de la loi, ne résistera aux impulsions de l'orgueil, que s'il est armé d'un véritable courage, tant les conseils que donnent la raison et la sagesse sont vivement combattus par les passions et par les mille arguments qu'elle fait valoir.

Le courage est de même nécessaire à l'homme pauvre et dénué et à tous ceux qui occupent les rangs intermédiaires, pour obéir *de bonne volonté* à leurs supérieurs, ne point leur porter envie, se livrer, sans murmure, sans gémissement, aux travaux que les circonstances leur imposent; pour supporter dignement, lorsqu'elles se manifestent, des prétentions excessives; pardonner à ceux qui les ont offensés, comme ils désirent *qu'on leur pardonne à eux-mêmes* les fautes qu'ils ont commises ou qu'ils pourront commettre.

Cultivons-le donc tous, ce courage, afin de le fortifier sans cesse, et de le rendre invincible.

Le courage s'exerce et se manifeste sous différentes formes suivant les occurences :

tantôt il sera une *vive impulsion* de la volonté, quand il s'agit de tenter une entreprise difficile, d'exécuter des travaux pénibles (matériels ou intellectuels), de s'exposer à des déplaisirs, à des contradictions, à une lutte; alors on l'appellera *énergie*, force virile. Tantôt il recevra le nom de *patience*, lorsqu'il faut, par exemple, attendre, sans mouvements hostiles, la fin d'une situation désagréable et qui peut durer pendant quelques heures, quelques jours, quelques années. La patience courageuse deviendra *résignation*, si la situation douloureuse semble de nature à se perpétuer pour ainsi dire indéfiniment.

La plupart des effets que produit le courage proviennent d'une disposition que l'on nomme l'*empire de soi*, autorité morale exercée sur notre propre volonté qui nous donne le pouvoir de gouverner nos pensées, de motiver sagement, dans notre for intérieur, les résolutions qu'il est juste d'adopter, de les mettre à exécution avec calme et prudence ; cet empire de soi est, au fond et dans la forme extérieure, une des conditions capitales de notre dignité ; de cette dignité ferme et modeste que doit toujours conserver l'homme qui agit conformément à la loi de Dieu.

Il se peut — trop d'événements le prouvent — que les concitoyens d'un homme zélé pour le bien public manquent de justice envers lui, qu'ils lui refusent des magistratures, des marques de confiance, de considération, auxquelles il aurait droit. L'empire de soi et le courage, en affermissant la liberté de son intelligence et de sa volonté, le placeront au-dessus de l'indifférence et même de la persécution, l'aideront à reconnaître que ce n'est pas dans les récompenses pécuniaires ou honorifiques, ni même dans les manifestations favorables de l'opinion publique, quelque précieuses qu'elles lui paraissent, qu'il doit chercher le mobile essentiel de ses actions.

Le courage, l'empire de soi ne sont pas austères, moroses, atrabilaires; ils sourient en présence des louables pensées dont ils rencontrent l'expression, des belles actions qui frappent leurs regards. Ils se réjouissent des succès d'autrui mérités par les talents et les vertus, et ne s'affligent pas de ceux qui proviennent d'autres sources. La mollesse, devant les obstacles, gémit, soupire, se laisse vaincre sans combattre; le courage trouve un âpre plaisir à lutter contre eux, et à rester ferme en se soumettant à leur victoire. Ce contentement de l'âme est une compensation des souffrances que la défaite lui apporte; l'homme courageux les a ressenties, ces souffrances, elles ne l'ont pas abattu, il a conservé ses forces pour de plus heureuses conjonctures.

Courage donc, cher lecteur, nous avons allumé un flambeau, armé nos cœurs et nos volontés; marchons imperturbablement vers l'accomplissement du devoir; du devoir qui, dans notre doctrine, s'unit intimement avec le bonheur, sans que jamais celui-ci puisse le faire vaciller ou le corrompre.

CHAPITRE XXIII

VÉRIFICATION

§ 1.

Le livre qui précède est-il, comme on pourrait le lui reprocher, l'exposé d'une utopie, d'un simple *desideratum*? est-il un travail scientifique?

On a le droit d'appeler travail scientifique l'ensemble des résultats donnés par des déductions et des inductions régulières, appuyées sur un ou plusieurs faits certains, et conduisant à la connaissance de la vérité.

L'existence de Dieu est l'un des faits certains sur lesquels notre œuvre s'appuie. Après avoir rappelé les considérations qui affirment la certitude de cette base, nous contrôlerons les principaux enseignements de l'ouvrage ; ayant acquis par ce travail l'assurance que ces enseignements sont bien des déductions régulières de la donnée certaine, il sera, ce nous semble, incontestable que ce livre est une œuvre scientifique.

I. — L'existence de Dieu, créateur de l'univers, est prouvée, sous diverses formes, dans les traités ou essais que désigne l'ouvrage cité : *Les Destinées de l'âme*, et dans cet ouvrage lui-même, qui, avons-nous dit, doit être considéré comme faisant en quelque sorte partie du présent livre.

II. — Des attributs du Créateur, l'intelligence, la Toute-Puissance, la bonté, nous déduisons les conséquences suivantes :

1° Le Créateur veut que les hommes soient heureux, sous la condition qu'ils rempliront les devoirs qui leur sont impartis par la volonté divine, par la loi morale qui en est l'expression ; qu'ils le soient tous, dans des proportions mesurées sur le zèle avec lequel ils auront accompli ces devoirs ; que chacun d'eux, afin que ce but soit atteint, contribue dans toute la mesure de son pouvoir, au perfectionnement et au bonheur des autres hommes. Le bon sens et l'expérience nous font reconnaître que ces conséquences sont bien celles qui naissent de la bonté unie à l'intelligence.

2° Mais le bonheur de tous les hommes ne peut pas être obtenu en notre monde terrestre. Nous devons donc, pour justifier l'assertion qui vient d'être énoncée, porter nos regards vers d'autres mondes, vers les demeures célestes. C'est là encore une conclusion régulièrement déduite de la notion de toute-puissance, d'intelligence et de bonté.

Comme l'exactitude de cette doctrine ne peut être trop souvent prouvée, nous allons la présenter encore sous une autre forme, par de nouvelles assertions dont le bon sens affirme de même l'évidente légitimité.

1° Il est certain que l'univers est l'œuvre d'une intelligence toute-puissante, *puisque*, sans ce fait, l'univers ne pourrait pas être, ne serait pas tel que nous le voyons.

2° Il est certain que cette intelligence ayant donné à l'âme humaine des facultés qui, de loin, ressemblent aux siennes, a voulu lui départir aussi une existence qui dépassât les bornes étroites de la vie terrestre.

3° Il l'est encore que la durée de cette existence ultra-terrestre, récompense accordée par la munificence divine, étant mesurée sur la grandeur du Très-Haut, on peut affirmer qu'elle sera sans fin, que l'âme humaine est immortelle.

4° On peut également tenir pour certain que l'intelligente bonté du Créateur réalisera successivement, et proportionnellement aux mérites acquis par chacun de nous, les vœux que nous formons, quelque transcendants qu'ils paraissent.

Aux objections que l'on opposerait à cette doctrine, un disciple de Montesquieu et de Descartes répondrait comme suit :

« Vous ne voyez pas Dieu, dirait l'objection, vous ne connaissez pas l'âme humaine, comment pouvez-vous affirmer, avec pleine conviction, leur existence et l'immortalité de l'âme?

—Je ne vois pas Dieu directement, répondrait le philosophe, cela est vrai, et cependant j'affirme son existence avec pleine conviction, de même que j'affirme celle de mon bisaïeul, qui n'était plus sur la terre au temps où je suis né. Je ne l'ai pas vu, aucun de mes contemporains ne l'a connu ; mais j'habite la maison qu'il a bâtie, je me promène dans les jardins qu'il a créés ; je possède la ferme dont il était propriétaire ; ces témoignages suffisent parfaitement pour que je n'éprouve aucun doute sur l'existence de cet ancêtre. De même, j'habite la terre que Dieu a créée; cette terre me fournit des abris, des moyens de vivre, des récréations comme m'en donnent la maison, les jardins et la ferme laissés par mon bisaïeul. Je suis donc certain de l'existence de Dieu, de la même façon que je le suis de celle du bisaïeul; et je sais que Dieu est bien le créateur de la terre que j'habite, de l'univers dont elle fait partie, de tous les êtres que je rencontre; je sais que la cause créatrice de toutes ces choses n'est pas une fatalité aveugle, *parce qu'une* telle fatalité ne peut pas produire des êtres intelligents — le prétendre, dit Montesquieu, serait une absurdité; — *parce que* les choses qui composent l'univers sont soumises à des lois, que les lois dérivent de la nature de ces choses, d'où la *nécessité* que ces choses originairement et dans leur nature aient été formées de manière à faire naître les lois, et que ces lois aient été prévues par une puissance intelligente, ayant le pouvoir de les créer. — Toutes ces déductions s'enchaînent les unes les autres avec une telle solidité qu'elles produisent en moi l'entière conviction que l'on réclame et que l'on me contestait. En voyant l'œuvre de Dieu, je vois sa personne, comme je vois, par ses œuvres, la personne de mon révéré et bien-aimé bisaïeul.

Si ce bienfaisant grand-père avait été beaucoup plus puissant qu'il ne l'était, il aurait laissé à ses enfants, non pas seulement une maison et une ferme, mais des châteaux, de vastes domaines, une province, un royaume ; Dieu, créateur, souverain maître de l'univers, a donné à chacun de nous beaucoup plus que tous ces biens périssables : il leur a donné une âme spirituelle qui peut survivre à son corps terrestre, puis, pour cette âme, l'immortalité et une place dans les vastes régions du ciel.

Toutes ces assertions, veuillez le remarquer, se présentent à notre *bon sens* au même titre que le *cogito ergo sum* et ses conséquences. Le bon sens dit : Il est certain que je suis, *puisque* je pense, et que, pensant, *il est impossible* que je ne sois pas ; il dit pareillement : L'existence de Dieu, l'immortalité de l'âme sont des faits indubitables, *puisqu'il est impossible* qu'ils ne soient pas.

Toutefois, en rappelant l'argumentation péremptoire de Descartes, j'avouerai bien que, dans le présent travail, je me rattache à Montesquieu encore plus qu'à l'auteur de *la méthode*, parce que ce philosophe m'a paru chercher, sur quelques sujets importants, plutôt des arguments explicatifs, que la vérité elle-même, telle qu'elle plaît au bon sens, et qu'on ne trouve pas de semblables tendances chez Montesquieu. Je reproche, par exemple, à Descartes d'avoir *imaginé*, pour le besoin d'une *cause*, que les corps matériels pourraient bien n'être que des fantômes ; que, dans les animaux, on doit voir seulement des machines organisées ; tandis que le bon sens affirme nettement la réalité des uns et la sensibilité des autres.

L'opuscule : *les Destinées de l'âme* ne mérite pas un semblable reproche, lorsqu'il dit : 1° Dieu a eu certainement *un but*, en créant l'univers, *puisqu'il* est une intelligence, et que c'est une disposition essentielle de l'intelligence d'avoir toujours une intention lorsqu'elle agit.

2° Ce but a été de faire des heureux, *parce que* le Créateur ne peut pas être inférieur à quelques-unes de ses créatures qui ont eu indubitablement un but de cette nature dans la plupart de leurs actions.

3° Les êtres matériels ont été créés pour le service des êtres sensibles ; ils n'ont pas été créés pour eux-mêmes, *puisqu'ils* ne connaissent pas leur propre existence.

Ce sont là des déductions logiques directement approuvées par notre sens intime, des déductions éclairées par cette lumière que tout homme *apporte en venant dans le monde*.

Essayons, pour soutenir cette thèse capitale, la destination immortelle de l'âme humaine, de montrer par deux remarques très-positives la supériorité de cette âme sur cet univers matériel, dont les dimensions et la puissance paraissent si prodigieux à nos regards, quand la réflexion n'est pas venue la diriger.

Première remarque.—L'homme, dit Pascal, n'est qu'un roseau ; mais c'est un *roseau pensant* ; « il sait, quand le monde l'accable de son poids, qu'il est écrasé ; et le monde matériel, sous lequel il succombe, ne sait pas qu'il l'écrase ». Ces expressions sont frappantes ; elles sont devenues célèbres ; pourtant elles ne représentent pas la vérité tout entière. Le roseau est écrasé, oui ; mais l'être pensant ne l'est pas ; il ne périt pas ; la masse énorme ne peut que le déplacer.

Deuxième remarque. — Le nombre incalculable des corps célestes qui peuplent l'espace, les inconcevables dimensions du soleil accablent quelquefois notre faiblesse, et lui font oublier pour un instant la haute valeur de notre âme spirituelle; mais lorsque la pensée se réveille, cette fantastique infinité, relativement à notre âme, disparaît devant elle. La terre, que les anciens croyaient tellement vaste qu'elle leur semblait n'avoir pas de limites, n'est plus, aux yeux de la pensée scientifique, qu'un atome dans l'univers; et, peu à peu, la pensée juge de même pour les plus grands corps, pour les soleils et les nébuleuses, parce qu'elle embrasse, contient, se soumet cet incommensurable univers. L'illustre Leibnitz a fait remarquer qu'en réduisant, dans une semblable proportion, tous les objets qui composent le globe terrestre ou existent à sa surface, rien n'y serait changé pour l'observateur, voulût-on considérer cette terre comme n'occupant dans l'espace qu'une place égale à celle qu'y tient maintenant une cerise ou même un grain de poivre. Opérons, par la pensée, une réduction de cette nature sur tout l'univers, nous pourrons l'amener à des dimensions que nos yeux sauront le saisir dans tout son ensemble; l'immensité matérielle se sera évanouie. Un naturaliste géomètre (M. Desdouits), a écrit ce qui suit : « L'évaporation de l'iode qui, dans le daguerréotype, s'attache aux lames d'argent destinées à recevoir les empreintes, donne lieu à une couche d'un jaune doré dont l'épaisseur est au plus d'un millionième de millimètre. Nous pouvons donc réduire l'iode en particules qui n'ont que cette petite épaisseur; donc aussi nous pouvons n'avoir en longueur et en largeur qu'un millionième de millimètre. La géométrie prouve que leur volume alors serait contenu dans un millimètre cube un nombre de fois représenté par l'unité suivie de dix huit zéros. Un corps cubique égal à l'épaisseur d'un cheveu très-fin contiendrait trente mille milliards de ces particules d'iode. » (*l'Homme et la création*, p. 21.) L'or est susceptible d'une divisibilité presque semblable. — Appliquons à notre sujet ces observations géométriques : supposez que l'ensemble de l'univers matériel comprenne plusieurs milliards de corps célestes ; et, *par la pensée*, composez chacun d'eux avec des éléments réduits aux dimensions des particules d'iode ci-dessus indiquées, vous représentez cet univers tout entier par un globe ayant, je suppose, vingt mètres de rayon. Vos yeux embrassent facilement les contours de ce globe. La prétendue infinité a pris des bornes, et ces bornes sont étroites, et la pensée — l'âme spirituelle dont elle est un attribut — a fait, comme en se jouant, cette prodigieuse opération. — On verra, je pense, dans cet aperçu, emprunté à la *géométrie*, tout autre chose qu'une conception fantastique.

III. — Maintenant interrogeons l'histoire; elle nous fournira des témoignages d'un autre ordre à l'appui de notre assertion morale. Les récits du passé nous montrent que les peuples ont été plus heureux, ont obtenu les bienfaits d'une plus grande prospérité, dans la mesure où leurs institutions, leurs lois, leurs mœurs, leurs habitudes de travail et de discipline les rapprochaient du mode d'existence indiqué par notre théorie. Et nous sentons qu'il en devait être ainsi, car c'est l'union des forces qui produit la prospérité des nations; l'union naît de l'assentiment de tous à une même pensée, et de toutes les pensées, l'équité est celle qui relie le plus intimement tous les cœurs et toutes les intelligences. Les Athéniens étaient plus puissants et plus heureux dans le siècle qui les a vus repousser, sur le simple rapport sommaire d'Aristide (d'Aristide *le Juste*), le projet de Thémistocle, que dans celui où, ayant perdu l'esprit de discipline et l'amour de la patrie, ils subissaient, en se livrant à mille discussions frivoles, le joug de Philippe. — Les rois de Perse ont péri sous les coups d'Alexandre, parce que le Macédonien, vivant dans une certaine familiarité affectueuse avec ses généraux et ses soldats, exerçait sur leur volonté une toute autre influence que celle qui soumettait au *grand roi* les esclaves pour lesquels il n'avait et ne pouvait avoir que du mépris. — C'est après avoir été avilis par les successeurs d'Auguste et par ceux de Constantin que les Romains ont succombé sous les attaques des Barbares.

Un travail approfondi sur cette donnée pourrait offrir beaucoup d'intérêt, et corroborerait certainement l'observation ci-dessus exprimée.

IV. — Mais enfin, me dit-on, pensez-vous réellement, et en dehors de toute poésie, que l'on suivra les conseils que vous venez d'indiquer, au lieu de continuer le mode d'agir qui se perpétue depuis tant d'années, au lieu de rechercher, comme on l'a toujours fait, son avantage individuel ou celui d'une caste, d'une corporation, d'une collection dont on fait partie, aux dépens des autres individus ou des autres collections voisines; ce qui, d'ailleurs, paraît être la tendance naturelle de chaque être humain.

— Nous touchons au vif du sujet, et je réponds de la manière la plus affirmative à la question posée, en rappelant quelques-unes des observations qui précèdent.

1° La tendance naturelle de chaque être humain est de se procurer le bien-être, et s'il se peut, la satisfaction plus complète qu'on appelle le bonheur. Mais les hommes peuvent se tromper sur les moyens qu'il faut prendre pour arriver à ce résultat, ou se trouver au milieu de conjonctures qui ne leur permettent pas de l'atteindre. Je vais montrer que, sous ces deux rapports, les hommes du passé ont vécu dans des conditions beaucoup moins favorables que ne sont celles qui existent pour les hommes du présent et de l'avenir; et on en conclura forcément, les conjonctures du passé ayant été modifiées, qu'il est possible qu'on ait le bon esprit de ne pas continuer le mode d'agir qui s'est perpétué pendant plusieurs siècles en ce qu'il a de nuisible au bien-être et au bonheur de l'humanité.

2° Le principe de bienveillance et d'équité, s'appuyant sur la loi divine, était, politiquement, inconnu dans la société antique, puisqu'elle était fondée sur l'institution de l'esclavage. Les modernes, d'ailleurs, ont pour constater l'origine et la légitimité de ce principe et des mobiles dont il est la source, pour accroître leur profitable empire sur les événements de la vie publique et de la vie privée, plusieurs moyens d'action que ne possédait pas l'antiquité. Parmi ces moyens nous avons, outre la communication plus habituelle des idées par la parole, cet autre mode de communication, aussi puissant que le premier, qui était entièrement inconnu aux anciens : l'*imprimerie;* l'imprimerie qui peut à la vérité faire beaucoup de mal, mais qui peut aussi produire immensément de bien. Les écrits répandus par elle en abondance, développent d'abord l'intelligence des hommes d'étude, puis celle d'un très-grand nombre d'autres ; ils alimentent, façonnent l'opinion publique ; et celle-ci devient une force irrésistible qui, approuvant les productions intellectuelles utiles au bien général et au bien individuel, blâmant celles qui seraient dangereuses, impose aux œuvres littéraires des directions de plus en plus morales, et rectifie les idées fausses que l'on aurait pu concevoir. Alors les conjonctures néfastes s'améliorent progressivement ; les hommes arrivent à connaître les procédés qu'il faut employer pour accroître leur bien-être et la route qu'ils doivent suivre pour mettre à profit les moyens de bonheur que peuvent leur donner la nature et la société ; c'est ce qui déjà est advenu dans une certaine mesure.

3° Je ne suis nullement enclin à critiquer le passé. C'est du passé que nous tenons presque tous les biens que nous possédons. Les hommes du passé ont été les compagnons, les auxiliaires, les chefs de nos pères. Peut-être, autrefois, l'orgueil, comme passion stimulante déterminant de violents efforts, a-t-il été utile au progrès de la civilisation ; il n'en est plus de même aujourd'hui ; le bien qu'il a pu faire, avec d'autres mœurs que les nôtres, est produit, et les discordes qu'il engendrerait maintenant doivent être écartées ; l'orgueil peut être éliminé de nos mœurs, *parce que* l'on sait mieux comprendre la loi de bienveillance réciproque ; *parce que* l'on sait mieux que tous les hommes qui occupent des positions diverses, juges, militaires, administrateurs, ouvriers, sont tous utiles à la patrie, et que tous ont absolument besoin des produits qu'apportent dans la société leurs réflexions, leurs directions, leurs travaux respectifs. Déjà au dix-septième siècle, les mœurs commençaient à prendre cette direction, et notre La Fontaine avait lancé contre les prétentions orgueilleuses les traits d'une légère et mordante satire, en disant :

La mouche et la fourmi disputaient de leur prix.

Voyez-vous cette petite mouche et cette petite fourmi qui entreprennent une grande discussion sur leur valeur respective et sur la prééminence que chacune d'elles s'attribue.

Et ailleurs :

Toute profession s'estime dans son cœur,
Traite les autres d'ignorantes,
Les qualifie impertinentes.

prétentions offertes comme exemple

D'amour-propre donnant du ridicule aux gens.

4° Les souffrances qu'engendre la misère étaient, autrefois, une cause profonde de séparation entre les riches et les pauvres. Les conjonctures ont aussi changé à cet égard. Tous les objets nécessaires à la vie physique existent actuellement, en France, en de telles quantités, et sont chaque jour tellement multipliés par l'industrie, par les mécanismes qu'elle emploie et qu'elle perfectionne incessamment, que tout homme qui consent à travailler, et à se comporter avec modération, est sûr d'obtenir des moyens d'existence pour lui et pour sa famille, de ne pas avoir à souffrir de la misère. Des établissements publics viennent au secours des malades et des blessés, et allégent même des indigences provenant d'autres causes. Cette source de dissentiments, cet obstacle au bonheur public et au bonheur privé a donc presque entièrement disparu de notre pays; et grâce à l'application du principe d'équité et aux habitudes de travail, de modération, de régularité qu'il est dans sa nature de faire naître, les progrès qui restent encore à réaliser sur ce point peuvent être regardés comme assurés pour un prochain avenir.

5° Très-bien, reprend l'interlocuteur, mais vous n'avez regardé qu'une partie du tableau; voyons le surplus. L'envie, la jalousie, la haine sévissent maintenant dans le cœur du pauvre beaucoup plus vivement et plus universellement qu'elles ne faisaient autrefois; elles y apportent des douleurs, des irritations, des causes de troubles beaucoup plus nuisibles que n'en produisait la misère. — Admettons qu'il en soit ainsi; le présent et l'avenir restent néanmoins préférables au passé, car, il y a deux siècles, les pauvres manquaient des choses nécessaires à la vie, parce qu'elles ne se trouvaient pas en suffisante quantité sur le sol de la France pour satisfaire à tous les besoins; ils ne pouvaient avoir ni logements salubres, ni aliments sains et abondants, ni vêtements protecteurs, il fallait pour se les procurer engager de longues et pénibles luttes contre la nature. Aujourd'hui il ne s'agit que de modifier de fausses et injustes opinions; or cela pourrait être fait avec facilité, si les pauvres voulaient bien s'y prêter, et en quelque sorte d'un instant à l'autre. D'abord il est constant que les hommes pauvres qui ont le sentiment de leur dignité morale, qui sont laborieux, économes, modérés, réguliers dans leur conduite ne ressentent pas autant que vous le supposez l'envie, la jalousie et la haine. La satisfaction que fait naître le devoir accompli, la tendresse, la docilité, le respect de leur famille éloignent d'eux ou éteignent dans leur âme ces dispositions trop communes chez d'autres qui sont pervertis ou restés incultes; ils savent par expérience que le bonheur ou le malheur d'un être humain résultent des sentiments qu'il éprouve, et ils ne veulent pas, pouvant faire autrement, se condamner aux tourments qu'impose la haine; ils aperçoivent, sans en tirer des conséquences erronées, les bienfaits que répandrait dans le monde l'application du principe que tous les hommes, chacun dans sa position, doivent contribuer au bonheur et au perfectionnement de tous. Les pauvres qui se refusent à travailler, qui sont vicieux, débauchés, avides, qui ne savent pas borner équitablement leurs désirs resteront peut-être assez longtemps en proie aux passions fougueuses qui les torturent; nous croyons qu'ils ne sont pas en majorité dans la nation, et que leur nombre, si on prend les mesures qu'indique la prudence, diminuera de plus en plus.

Les pauvres laborieux, modérés, estimables, ont d'ailleurs en leur possession, ainsi que nous l'avons déjà fait remarquer, un moyen puissant, efficace, de ramener *tous* les hommes, grands et petits, sauf de rares exceptions, à l'accomplissement de la loi divine dont l'exécution leur serait si éminemment profitable; ce moyen d'application très-aisée, avons-nous dit, consiste à décerner la *considération* dont ils disposent, non plus comme on le fait trop ordinairement aux richesses, au luxe, à l'éclat extérieur, mais à la modestie, à l'équité, à la bienveillance, aux vertus que réclame l'exécution de la loi; et cette modification dans l'opinion publique peut s'opérer sans trouble, sans blesser les hiérarchies, les convenances sociales, par une sorte d'infiltration presque inaperçue qui s'effectuerait dans les mœurs. Je souhaiterais beaucoup que le présent opuscule pût servir à ce résultat. Je soutiens que ce moyen serait puissant, efficace, et, pour le prouver, je m'appuie sur un fait bien constant : c'est un attribut honorable de notre nature humaine que *tous* les hommes attachent un grand prix à l'estime, à la considération que leur défèrent les autres hommes, et qu'ils font beaucoup d'efforts pour les obtenir; les pauvres avec ce levier peuvent opérer dans les mœurs une profonde modification qui calmerait la plupart des avidités.

La pensée que je combats et qu'il serait si utile de faire rentrer dans de justes bornes, — le désir excessif des richesses et des parures qu'elles étalent, le trop peu d'honneur accordé aux qualités morales — paraît si fortement incrustée dans les esprits que, au premier aspect, on pourrait contester ce que je viens d'énoncer et même regarder comme impossible l'acceptation du conseil présentement offert. Pourtant que l'on veuille bien réfléchir sur les avantages que l'adhésion à cette doctrine apporterait à la paix publique, au bonheur des particuliers, à la puissance collective de ceux qui auraient le plus d'intérêt à opérer cette mutation, et on pourra voir s'affaiblir l'impossibilité; elle disparaîtrait bientôt si quelques écrivains renommés voulaient faire valoir la cause que je défends.

Par cette modification dans les mœurs. les hommes laborieux, modérés, ouvriers industriels ou agricoles, se sépareraient des hommes avides, haineux, perturbateurs; mais ce ne serait un mal pour personne. Ces derniers profiteraient de l'isolement où ils seraient laissés, en ce sens que ce dissentiment tranché de leurs compagnons pourrait susciter dans leur esprit d'utiles réflexions, et leur faire remarquer combien il serait avantageux à leurs intérêts de prendre une autre voie que celle qu'ils suivent. Le discrédit dans lequel ils seraient tombés leur inspirerait probablement un désir de se relever assez vif pour vaincre les passions délétères, la paresse, l'avidité, l'amour du désordre, dans lesquelles ils seraient bien forcés de voir des ennemis manifestes de leur amour-propre, de cet honneur français qui s'est fourvoyé un instant, et qui pourtant existe encore dans leur âme.

6° Afin que les intentions qui dictent tout le présent écrit soient bien comprises, je répète qu'il ne tend pas à établir ou même à faire entrevoir une égalité impossible; son but, au contraire, est de constater que les hommes se rapprochent de plus en plus du bonheur, comme du perfectionnement moral, en respectant les droits de chacun et les hiérarchies sociales, en observant, dans leurs relations, toutes les convenances; et je crois que les indications qu'il énonce, comme étant propres à nous rapprocher de ce but, sont régulièrement déduites de la règle simple et féconde qu'il a solidement appuyée sur une base scientifique.

V. —En consultant l'histoire et la réflexion, je dirais volontiers, si l'expression ne paraissait pas trop vulgaire, que la *politique* doit tendre, d'accord avec *l'équité*, à faire, même d'une grande nation, UNE SOCIÉTÉ DE SECOURS MUTUELS, organisée et administrée avec des combinaisons hiérarchiques, puisant ses inspirations dans la droiture et la bienveillance, et agissant *sous l'inspection de Dieu*, du Dieu qui récompense les pensées généreuses et punit les intentions subversives.

Cette tendance, cette politique pourrait, de proche en proche, s'appliquer à tout le genre humain. Dans la société universelle, chaque peuple deviendrait successivement un individu, et on n'y admettrait que les peuples bien organisés. Mais ceci est une vue excentrique, indiquée seulement comme un vague aperçu; je ne me suis réellement occupé dans le présent écrit que du peuple français.

Le type de cette société que je désigne nous est offert par la nature, comme par la religion, l'histoire et la réflexion; nous le voyons dans plusieurs familles honorables dont tous les membres sont disposés à se venir en aide les uns aux autres (sans nuire à autrui), sous l'inspection du père ou aïeul. Dans cette société partielle, on ne doute pas de l'affection du père de famille pour tous ses descendants; l'affection et l'équité du père céleste pourraient dans la société nationale être également reconnues, et produire une influence régulatrice qui présiderait à l'organisation politique et à sa mise en œuvre.

On aperçoit aisément quelles transformations heureuses l'adoption et la propagation de l'idée que j'émets, comme résumé des doctrines ci-dessus énoncées, apporteraient dans la société française.

§ 2.

Mais, dit encore le questionneur infatigable, lorsque scientifiquement, et sans faire intervenir la foi autoritaire, vous croyez à l'existence d'un fait en faveur duquel ne dépose pas le témoignage des sens, au moins vous représentez-vous, par la pensée, la possibilité, le mode d'accomplissement de ce fait naturel ou surnaturel. En est-il ainsi pour la création universelle qui forme votre base? Je précise cette remarque et cette interrogation par un exemple. Si vous ne mettez pas en doute l'existence de Rome et de Saint-Pétersbourg, c'est d'abord parce que les relations des voyageurs ne vous paraissent suspectes à aucun titre, mais aussi parce que vous concevez très-bien que sur les rives du Tibre et de la Néva se sont rassemblés des hommes laborieux, dociles, qui, avec la direction d'autres hommes intelligents, instruits, habiles dans les arts du compas et de la statique, ont taillé des pierres prises dans les carrières voisines, les ont unies suivant une forme prescrite, ont construit des maisons, des palais, des temples, ont placé ces édifices dans un ordre régulier, et formé ainsi les deux grandes cités. Avez-vous quelque représentation semblable ou analogue à celle-ci relativement à la création de l'univers? En avez-vous une idée quelconque? Vous croyez à cette création, comment la jugez-vous possible? Quel mode d'accomplissement avez-vous conçu avec quelque fondement que l'on puisse accepter? — Oui, j'ai cette idée; je conçois ce mode d'accomplissement; et je vais l'exposer de façon, je l'espère, à être bien compris. Pourtant une observation préalable me semble nécessaire.

Les preuves qui affirment l'existence de Dieu et la création de l'univers par l'intelligence toute-puissante sont décisives; il est complétement certain, disent-elles, que le Tout-Puissant existe, et qu'il a créé les mondes, *parce qu'il est impossible que cela ne soit pas*. Je pourrais donc croire à la création sans avoir besoin de représenter à ma pensée le mode sous lequel ce grand fait a pu s'accomplir. Toutefois m'étant livré à quelques méditations sur ce point, je vais en énoncer le résultat, sous la condition expresse que mon explication, fût-elle très-défectueuse, très-attaquable par de solides critiques, dût-elle être considérée comme non avenue, ne porterait aucune atteinte à la vérité démontrée, ne jetterait sur elle aucune ombre capable de l'obscurcir.

Sous le bénéfice de ces réserves, je commence.

Plusieurs des grands problèmes que rencontre notre pensée trouvent une solution dans un fait capital, que peut-être on n'a pas fait assez ressortir, dans la différence qui existe entre les choses composant le *monde spirituel*, leur nature, leur mode d'action, et les choses composant le *monde matériel*. Une des choses (la principale, mais non pas la seule) appartenant à ce monde spirituel est l'âme humaine. Plusieurs philosophes de l'antiquité avaient, sur cette notion, devancé, quoique sans les égaler peut-être, les enseignements chrétiens. « Les âmes, dit Cicéron, ne tirent pas leur origine de la terre ; elles n'admettent aucun mélange, aucune concrétion, rien d'extrait ni de la substance des corps terrestres, ni de celle de l'eau, ni de celle de l'air, ni de celle du feu; car, dans la nature de ces éléments, il n'y a rien qui soit susceptible des facultés de la mémoire, de l'entendement, de la pensée, rien qui soit capable de retenir le passé, de prévoir l'avenir, d'embrasser le présent. » L'opuscule : *Les Destinées de l'âme*, déjà plusieurs fois cité, ajoute aux nombreuses considérations qui militent en faveur de la spiritualité de l'âme et de la distinction entre les deux substances les observations suivantes : « L'âme humaine, dit-il, diffère *essentiellement* des êtres que nous nommons matériels; et nous pouvons le faire comprendre, le montrer, par ce fait positif que les êtres matériels offrent des résistances à nos sens, tandis que l'âme et ses facultés ne subissent pas de la même sorte ces phénomènes matériels, et sont émus par d'autres causes; l'impression que fait éprouver à notre oreille la voix d'un homme qui a prononcé une injure ou une louange, la vibration de l'air mis en mouvement par sa poitrine et par sa langue, n'est pas, ne peut pas être confondue avec l'impression exercée *sur l'âme* de l'auditeur par la *signification* des mots contenant l'injure ou la louange. La voix exprimant l'injure peut avoir été faible, caressante dans ses intonations, et l'injure, la signification des mots, être mordante, cruelle, pour l'âme qui l'a comprise. La louange peut avoir été donnée avec une brusquerie extérieure, avec une vibration qui a blessé l'oreille, et avoir pour l'âme une pénétrante douceur. Cette signification des mots, indépendante de la vigueur des sons, frappe l'âme humaine, comme désignant l'état de l'autre âme humaine, comme faisant connaître à l'auditeur intéressé sa colère, son mépris, ses désirs de vengeance ; la supercherie des sons dissimule cet état à d'autres personnes qui les entendent et ne les comprennent pas ; elle ne les cache pas à l'auditeur attentif (p. 21 et 22). » Les mots, en tant qu'ils représentent par leur signification l'état de l'âme, appartiennent au monde spirituel comme l'âme et ses facultés.

Envisageons, au point de vue qui nous occupe, ce qui se passe dans le monde spirituel.

Tous les hommes ont la faculté de penser ; mais cette faculté n'existe pas chez tous avec le même degré de puissance. Chez quelques-uns, les orateurs, les poëtes, elle est un pouvoir créateur qui fait naître dans le monde spirituel, dans le monde que l'âme seule connaît, des êtres nouveaux qui existent bien réellement pour ce monde, pour la pensée humaine, avec des nuances diverses. L'existence de ces êtres spirituels est plus ou moins saillante, plus ou moins durable; et ces qualités prouvent, par la relation proportionnelle des causes aux effets, qu'une puissance plus ou moins énergique, plus ou moins souveraine, existe chez l'orateur ou le poëte qui les a créés. Nous jugeons que la puissance créatrice d'Homère, de Virgile, était plus grande que celle des autres poëtes de leur temps par ce fait que les personnages qu'ils ont introduits dans la pensée des lecteurs, Achille, Ajax, Ulysse, Agamemnon, Énée, Didon, Turnus, sont en possession d'une existence plus saillante et plus durable que celle des personnages décrits par leurs émules. De même, pour les temps modernes, les héros créés ou mis en scène par l'Arioste, le Tasse, Corneille, Racine, ont une existence plus saillante et plus durable que ceux décrits par Chapelain ou du Bartas.

Le monde immatériel ou spirituel dont je parle est-il tellement distinct du monde matériel, qu'on ne puisse établir entre eux aucun rapprochement, qu'on ne puisse passer de l'un à l'autre ? Non. — Les êtres qui appartiennent exclusivement au monde spirituel, les personnages inventés par les poëtes, la signification des mots de la langue dont on se sert, les diverses combinaisons qu'enfante notre intelligence, êtres qui n'existent que pour l'âme humaine, ont cela de commun, de semblable, avec les objets matériels dont nous sommes entourés, que les uns et les autres nous sont connus par les effets qu'ils produisent. Les uns et les autres produisent des effets ; similitude frappante ! Or, le néant, rien, ne peut produire un effet ; les personnages poétiques, la signification des mots de la langue, sont donc quelque chose, sont donc des êtres, des réalités, tout aussi bien que le sont un cheval ou un rocher, et c'est au même titre, par la perception des effets produits, que les uns et les autres existent pour nous ; les uns dans le monde spirituel, les autres dans le monde matériel. Les qualités ou les vices composant les caractères d'Achille, d'Énée, de Tancrède, de Mathan, produisent en nous des impressions intimes, des approbations ou des blâmes, de la même façon que le cheval ou le rocher qui ont frappé nos regards nous attirent par leur beauté, ou nous repoussent ou nous effrayent.

Mais ce n'est pas tout : les êtres spirituels, outre ces impressions intimes, exercent une influence marquée sur nos actions physiques ; car celles-ci sont fort souvent déterminées par les sentiments qu'ils nous ont fait éprouver. Les sentiments de l'âme, quoique appartenant au monde spirituel, ont le pouvoir d'entraîner à tel mouvement, comme à l'injure vocalement proférée ou au bienfait pécuniaire, ou au meurtre ou au combat protecteur de la faiblesse, les membres de notre corps, et parfois, une troupe nombreuse une armée de cent mille hommes, qui sont bien des parties du monde physique ou matériel, et qui obéissent à la pensée d'un seul homme. Que de fois le sort d'un grand État a dépendu des idées ou d'une idée de son chef! Il est donc certain, puisque les êtres du monde spirituel exercent une action sur les êtres corporels, que l'on peut rationnellement passer d'un monde à l'autre, ainsi que nous le ferons plus loin.

Autre remarque essentielle. La force créatrice du poëte, de l'orateur, dont nous avons mesuré le pouvoir sur l'intensité d'existence qu'ont obtenue dans nos esprits les personnages qu'elle a fait naître, est toujours unie à une intelligence proportionnelle à cette force, supérieure comme elle ou bornée comme elle. Cette intelligence du poëte ou de l'orateur, qui donne la mesure de sa force créatrice, nous est manifestée par la multiplicité et la concordance des événements qu'il a inventés, par la convenance et l'accord que présentent les caractères de ses héros ; de telle sorte que plus ces créations poétiques sont parfaites dans la forme, plus elles produisent sur nos esprits des effets saisissants et durables, plus aussi nous devons juger que sont éminentes, supérieures, la puissance comme l'intelligence de l'auteur.

Avec ces données expérimentales, nous allons expliquer la création de l'univers.

Cœli enarrant gloriam Dei, et potestatem ejus annuntiat firmamentum.

La vaste organisation de l'univers, des soleils, des planètes, des satellites qui voguent, innombrables, dans l'incommensurable espace, la régularité de leurs mouvements, les rapports qui existent entre eux et les êtres vivants sur la terre, ceux que nous remarquons entre les différentes parties des organismes terrestres, montrent que cet univers a été conçu par une intelligence, et que cette intelligence est *éminemment* supérieure à celle qui a enfanté l'*Iliade* et l'*Énéide.*

De ce fait patent et certain nous concluons, d'après les observations pratiques qui viennent d'être énoncées, que la puissance créatrice, unie à cette intelligence qui a *conçu* l'univers, était éminemment supérieure à celles qui animaient les poëtes dont j'ai nommé les œuvres. Les êtres produits par cette force créatrice de l'univers ont donc pu, toujours d'après nos observations pratiques, recevoir une existence plus déterminée, plus durable, que celle qui a été donnée aux personnages mis au jour par nos poëtes. Un fait (c'est toujours à l'expérience positive que je m'adresse) constate la différence qui existe entre les créations divines et les créations humaines ; c'est que celles-ci, portées à leur plus haut degré, sont restées encore vagues et vacillantes, tandis que les créations divines ont pris des consistances solides, durables, sont devenues des corps matériels ; condition qui était nécessaire pour assurer à la fois la précision de leurs mouvements, la persistance des relations établies entre eux, constituant ainsi la permanence de l'œuvre divine. Or ce fait, quelque prodigieux qu'il soit, n'a rien qui puisse nous surprendre lorsque nous contemplons la supériorité artistique de l'œuvre divine sur celle des ouvrages que peut produire le génie humain, puisque cette supériorité artistique atteste une semblable supériorité chez la puissance créatrice qui a enfanté les mondes.

Homère, Virgile, le Tasse, ont peut-être conçu en quelques heures les poëmes que nous admirons, puis ils les ont ensuite élaborés pendant dix, quinze ou vingt années pour les faire arriver à l'état dans lequel ils se trouvent ; de même on comprend que l'intelligence et la puissance divines aient conçu d'un seul trait l'univers, et que le Créateur voulant, par des motifs qu'il nous est possible d'imaginer, que plusieurs parties de cet univers n'arrivassent à la perfection qu'elles peuvent atteindre que progressivement, ait seulement déposé dans les rudiments créés les qualités, les propriétés qui devaient être la source des *lois* suivant lesquelles se développerait l'univers dans son ensemble et dans ses détails. Ce sont les propriétés de la matière, avec celles des autres qualités ou propriétés de l'être immatériel, l'intelligence, la liberté, la volonté, qui constituent ensemble ce grand fait, cet état général que nous appelons la *nature des choses*. De cette nature des choses dérivent, entre les diverses parties dont elles sont composées, des *rapports nécessaires*, c'est-à-dire des *lois;* et comme nous venons de le dire, c'est suivant ces lois, par le développement des germes, des principes originaires, des éléments constitutifs qu'a créés la volonté divine, par la nature qu'elle a donnée aux choses, que sont produits les genres, les espèces, les individus, tout ce que nous rencontrons sur la terre et dans l'espace. Ces lois, qui dérivent de la nature des choses, qui ont été créées implicitement, comme un effet provenant de cette nature, président incessamment à l'évolution de tous les phénomènes qui étaient appelés, par la conception du Tout-Puissant, à naître, à se développer, à former l'ensemble universel tel qu'il a été, qu'il est et qu'il sera ; ensemble dans lequel sont restées et resteront présentes l'intelligence et la puissance suprêmes pour les maintenir, non pas peut-être dans le monde physique, où leur existence et leur perpétuité paraissent assurées, quelques menaces que contiennent sur ce point certaines théories scientifiques ; mais dans le monde spirituel, dans le monde moral, où le secours divin est utile, peut-être nécessaire, pour concilier l'exécution des lois avec la liberté humaine.

Ajoutons, pour nous rapprocher du *positivisme*, qui aujourd'hui est en faveur, et qui a son bon côté lorsqu'il ne prétend pas étouffer la transcendance intellectuelle :

« Le créateur, pour diriger les propriétés et les évolutions de la matière, a répandu dans son œuvre une *tendance harmonique* présidant à la formation des minéraux, *la séve* pour les plantes, *la force vitale* pour les animaux, puis, comme ministre suprême pouvant connaître ses volontés, perfectionner toutes choses, *l'esprit* qui, sur la terre, est l'apanage exclusif de l'âme humaine; qui, seul, ainsi que nous l'a fait remarquer Cicéron, est capable de retenir le passé, de prévoir l'avenir, d'embrasser le présent; qui seul est susceptible des facultés de la mémoire, de l'entendement, de la pensée : » Des pensées religieuses, scientifiques et artistiques.

On voit par ces explications combien il est facile de reconnaître que l'univers n'est pas Dieu, n'est pas une partie de Dieu. Il est évident que le monde n'est pas, n'a jamais été une partie de Dieu, comme il est évident que l'*Iliade* n'a jamais été la personne d'Homère, ni l'*Énéide* celle de Virgile.

Nécessairement quelque chose ou quelqu'un est éternel. Si, attachant au mot éternité la signification d'antériorité à toute autre chose quelle qu'elle soit, on demandait : Est-ce Dieu qui est éternel? ou bien est-ce le monde, est-ce la matière? la réponse serait on ne peut plus simple, puisqu'elle résulte positivement de ce qui vient d'être énoncé : l'éternel c'est Dieu, c'est l'intelligence, qui, ayant un but, a créé la matière et l'esprit, et les a disposés de telle sorte que de leur nature dérivassent des lois dont le déploiement devait les conduire au but marqué, à la formation de l'univers et de ses habitants, au nombre desquels le Créateur a fait naître celui qui, le connaissant, l'adorant, est en quelque sorte son image en ce monde et le représente en un certain degré par le pouvoir de créer qu'il a reçu de lui.

Le pouvoir de créer n'est pas ici une expression métaphorique ou hasardée, elle désigne un fait très-positif, très-aisé à constater; il est positif que l'homme a reçu le pouvoir de créer les mots qui dépeignent ses impressions et ses pensées, comme tous les objets extérieurs; de créer des combinaisons physiques, mécaniques, artistiques, qui imitent les procédés de la nature, qui semblent même sur quelques points leur être supérieurs; de créer, d'après les inspirations de sa conscience et d'une révélation suprême, les lois civiles et les lois morales qui peuvent le conduire au perfectionnement et au bonheur. — L'homme a reçu en outre, pour compléter ce pouvoir, celui de comprendre les considérations de toute nature sur lesquelles s'appuie l'assurance de son immortalité, dont un vague instinct lui avait fait ressentir l'espérance ; de se mettre en communication, par la prière et par la méditation, avec le Très-Haut qu'il n'appelle jamais en vain à son secours, et dont il connaît ainsi la puissance et la bonté.

Attribuant une importance capitale à ces explications qui, malgré la faiblesse de l'écrivain, me paraissent mériter au moins quelque attention, et d'ailleurs maintenant les réserves que j'ai ci-dessus exprimées avant de les entreprendre, je vais rechercher dans quelle mesure elles sont en accord avec *la science*.

Un livre récent intitulé *les Causes finales*, — par M. Paul Janet, — passe en revue et discute les objections nombreuses que la science antique et la science moderne, depuis Démocrite jusqu'à Darwin et Littré, ont élevées contre la théorie que ce titre énonce, et qui tient de si près à celle que je viens d'esquisser. Dans ce travail, l'auteur fait preuve d'un grand savoir en physiologie, en physique, en histoire naturelle. Or toutes ses argumentations arrivent, avec une ingénieuse sagacité, à prouver que les hypothèses et les assertions des adversaires qu'il combat sont contraires aux affirmations de l'expérience et du sens commun. Eh bien, sans vouloir compromettre M. Janet dans une solidarité qu'il n'accepterait pas, je dis, en sollicitant l'indulgence pour ma présomption : les explications que la science a données sur l'origine des mondes, en dehors des causes finales, sont inadmissibles, parce qu'elles conduisent à des conclusions que repoussent l'expérience et le sens commun. Celle que je propose n'offre pas ces caractères antipathiques au bon sens, car elle prend sa base sur des données nouvelles, dont l'exactitude est très-admissible, savoir :

1° La différence essentielle que l'on remarque entre les êtres composant le monde spirituel et ceux appartenant au monde matériel ;

2° La puissance créatrice de l'âme humaine régnant ici-bas sur le monde spirituel.

En m'appuyant sur ces bases je n'ai eu besoin que de quelques gradations régulières pour monter jusqu'aux sommités, pour comprendre comment l'intelligence et la puissance divine ont créé l'univers; que Dieu est absolument distinct de cet univers; en conséquence, il est extrêmement probable que cette explication nous donne l'image de ce *qui est*.

Après un nouvel examen fait à la lumière du livre scientifique, je me suis senti confirmé dans cette croyance. Si elle était partagée, je m'en féliciterais; si elle ne l'est pas, je la conserverai néanmoins jusqu'à la substitution d'une autre théorie préférable, me rassurant sur ces deux motifs :

1° Qu'elle n'a rien d'irrationnel ;

2° Qu'elle est en accord avec la morale la plus sévère, et ne peut que fortifier les sentiments de piété qui sont l'aliment de nos âmes; ayant d'ailleurs le mérite de montrer comment l'intelligence suprême a formé l'univers sans avoir besoin d'aucune matière préexistante, ni à lutter contre aucun obstacle.

M. Janet (p. 4) définit la cause finale: « un fait qui peut être considéré comme la cause de sa propre cause. » Cette définition vient à l'appui de la théorie qui précède en ce sens qu'elle suppose une cause primitive, intellectuelle, spirituelle, prévoyante, donnant naissance à une cause seconde, matérielle et mécanique, lesquelles deux causes produisent ensemble le fait ou phénomène final qu'on peut appeler la cause de la cause primitive, parce que c'est pour faire advenir ce fait ou phénomène final que cette cause spirituelle s'est mise en œuvre : explication qui ne porte aucune atteinte à la liberté, à la spontanéité du créateur.

Remarquons de nouveau dans une sorte

de résumé, afin de mieux faire ressortir les résultats auxquels ces explications nous conduisent, combien tout a été merveilleusement concerté dans l'œuvre divine.

La plupart des êtres composant l'univers devaient être composés de molécules compactes et résistantes, parce que les êtres matériels ainsi composés sont seuls capables de mouvements réguliers et constants; les astres, la terre, les plantes, devaient être matériels pour que la marche de l'univers ne fût pas flottante et indéterminée. Mais ces êtres matériels, composés de parties divisibles et mobiles, sont par cette nature susceptibles d'altération et périssables. Si les grands corps comme les astres et la terre paraissent avoir une durée indéfinie, il n'en est pas de même pour les plantes et les animaux vivant à leur surface; ceux-ci reçoivent des modifications continuelles et arrivent progressivement à un changement d'état complet qu'on appelle la mort. L'organisme humain est sujet à cette loi. Cependant l'intelligence suprême du créateur, accomplissant les vœux de son immense bonté, *devait* vouloir, voulait que l'un de ces êtres créés, celui qu'elle a fait capable de le comprendre et de l'adorer, fût soustrait à cette nécessité de mourir. Pour atteindre ce but, il fallait que l'être supérieur, l'être humain, fût formé d'une substance autre que la matière, c'est-à-dire d'une substance indivisible, spirituelle. C'est ce qui a eu lieu ; l'âme humaine, ainsi que nous l'avons constaté, possède des qualités différentes de celles qui constituent l'essence de la matière ; et, par l'effet de cette disposition, elle peut survivre à l'organisme périssable dont elle a été l'associée pendant un certain nombre d'années. Le mode de création ci-dessus indiqué explique clairement d'où provient la différence qui existe entre les deux êtres (la matière et l'esprit) émanés l'un et l'autre de l'intelligence et de la volonté divines. — Poursuivons.

Le Tout-Puissant, en créant des êtres capables de sensibilité, a dû vouloir, a voulu qu'ils fussent heureux. Mais — nous le savons par les faits observés — le bonheur destiné à l'être humain n'est pas, comme celui attribué aux animaux, aux êtres sensibles d'un degré inférieur, un bonheur gratuitement *donné* et renfermé dans des bornes étroites; il est plus vaste, plus complet, d'une autre nature : c'est un bonheur *mérité*, conquis par des vertus, par l'obéissance *volontaire* aux lois du créateur. Il *fallait*, pour que l'être prédestiné devînt digne de ce bonheur sans limites, qu'il fût doué de la faculté de vouloir, et de faire soit le bien, soit le mal, d'obéir ou de ne pas obéir aux lois, c'est-à-dire de la *liberté morale*. Cette liberté lui a été départie; nous la connaissons, nous la sentons, elle existe.

Mais le bonheur mérité, tel qu'il convenait à la munificence divine de l'attribuer à sa créature docile et reconnaissante, ne peut être obtenu sur la terre, à cause des obstacles que chacun de nous rencontre dans une multitude de circonstances et notamment dans la mort que subit l'organisme après une existence de courte durée; il ne peut être qu'entrevu, qu'ébauché ici-bas; c'est dans la demeure céleste que se réalisent, pour l'âme immortelle, les promesses du Très-Haut.

Toutes les idées que je viens de retracer nous apparaissent avec ordre, sous forme de déduction régulière; on conçoit parfaitement qu'elles ont pu se produire à peu près de cette sorte, avec un tout autre éclat d'intensité, dans l'intelligence divine dont la nôtre n'est qu'un si pâle reflet; et nous croyons qu'elles se sont produites ainsi, parce que, suivant l'expression de Montesquieu, elles *avaient du rapport avec la sagesse, avec la puissance* du créateur, et, ajoutons, avec sa grandeur et sa bonté.

Revenons aux *Causes finales*.

Cet ouvrage, dont l'étude serait, je crois, favorable à *ma* théorie, me paraît avoir droit, comme œuvre scientifique, à la plus grande confiance. Tout y est examiné avec un soin presque minutieux; la lucidité du style dans lequel sont produites les objections et les réponses, la simplicité frappante des images, rendent presque familières des notions qui semblent inaccessibles pour la majorité des lecteurs, et dont pourtant un intérêt pressant nous invite tous à nous occuper. M. Janet met à notre portée la plupart des systèmes, plus ou moins précis, qu'ont avancés sur ces questions universelles les plus grands écrivains; et je vais rappeler le nom de quelques-uns d'eux pour faire apercevoir l'étendue de ce travail magistral. Le livre nous fait entrer en conférence sur ces vastes sujets avec Démocrite, Socrate, Platon, Aristote, Épicure, Empédocle, Lucrèce, Bacon, Descartes, Kant, Gassendi, Hégel, Lamark, Reid, Herbart, Littré, Spencer, Darwin, Edwart et autres. Il discute tous les systèmes, tous les aperçus, à mesure qu'ils se présentent, comme auxiliaires ou comme obstacles; et après ces luttes, et les délibérations qu'elles ont provoquées, il conclut très-nettement à l'existence des causes finales dans l'univers, œuvre d'une intelligence toute-puissante, dont il dit en propres termes : « Dieu n'est plus un copiste qui reproduit fidèlement un modèle immobile ; Dieu n'est pas un magicien qui, par un acte de volonté, évoque des esprits préexistant dans un monde supra-mondain; c'est un vrai créateur qui sait, qui peut et qui veut en même temps, qui veut à la fois le but et les moyens » (page 595). — Je pense que ce livre éminent justifie, jusqu'à un certain point, *ma* théorie explicative de la création, d'abord par les considérations déjà énoncées, puis par l'observation suivante éclairant un des textes qu'il relate. Kant reconnaît deux finalités qu'il appelle l'une *objective*, l'autre *subjective* (p. 471); et il incline à regarder la seconde comme plus acceptable que la première. M. Janet interprète ainsi cette doctrine du philosophe allemand : « Nous distinguons, dit-il, deux sortes d'hypothèses; l'une que l'on peut appeler objective ou *réelle*, l'autre subjective ou *figurative*. Dans les deux cas, l'hypothèse n'est jamais qu'une conception qui n'est pas absolument démontrée; mais dans le premier cas elle est censée correspondre à la nature vraie des choses, dans le second elle n'est qu'un moyen commode pour l'esprit de se les représenter... De ce qu'une chose n'est pas absolument certaine il ne s'en suit pas qu'elle est subjective, mais seulement qu'elle n'est que probable... Une *opinion* n'est pas nécessairement une *fiction*... On peut accorder qu'il y a quelque chose de subjectif dans cette doctrine (la finalité), à savoir la part qui n'est pas susceptible de démonstration et de vérification. En revanche, la même doctrine est objective dans la part où elle représente les faits ; elle est réelle au même titre que toute induction qui s'élève de ce qu'on voit à ce qu'on ne voit pas. »

Il m'a paru que je n'étais pas tout à fait dans l'erreur en croyant que *ma* théorie explicative de la création peut bien être objective ou réelle *au même titre que toute induction qui s'élève de ce qu'on voit à ce qu'on ne voit pas*. Il n'est pas impossible que ce nouvel aspect du *spiritualisme* obtienne des approbations et peut-être des confirmations.

Il faut respecter, écouter, consulter la science. Pourtant, ne l'oublions pas, et cette observation nous rendra plus patients, plus attentifs dans toutes nos études, la distinction entre les êtres matériels et les êtres spirituels, dont la réalité effective a été ci-dessus constatée, place, au point de vue cosmogonique, la philosophie religieuse dans une indépendance *essentielle* des sciences physiques et mathématiques. Les savants, astronomes, géologues, physiologistes, peuvent imaginer toutes les hypothèses, toutes les combinaisons que bon leur semblera pour expliquer comment le monde est né et est devenu tel qu'il est aujourd'hui, sans que la philosophie religieuse ait beaucoup à s'en inquiéter. Si les explications offertes sont en accord avec les faits et les enseignements de la raison, et tant que cet accord subsistera, elles pourront être acceptées comme vraies; si elles ne remplissent pas ces conditions, on les écartera; mais, dans aucun cas, par le motif qui va être déduit, la philosophie religieuse n'aura reçu aucune atteinte. Les explications données par Copernic, par Newton, sont regardées comme exactes, comme représentant ce qui est; celles proposées par Laplace, Buckar, Darwin, Herbert-Spencer, sont très-contestables et très-contestées; mais pour ceux même qui les admettraient, et pour ceux qui, sans les admettre, ne voudraient pas les combattre, il reste toujours un point inébranlable auquel sa rattache la philosophie religieuse : c'est que si la matière a procédé, et agit encore comme l'indiquent ces savants, c'est parce qu'elle possède les propriétés nécessaires pour opérer ces actions instantanées ou successives; et ces propriétés ne peuvent provenir, soit dans la masse totale, soit dans les molécules, que d'une intelligence, puisqu'il implique contradiction de dire què ce n'est pas une intelligence, une personne, un être sachant concerter des causes et des effets et se proposer un but déterminé, qui a fait ce tout, dont les parties se correspondent si parfaitement qu'elles concourent à former un résultat vivant et durable ; que ce n'est pas une intelligence qui a fait des êtres intelligents. Laissons donc travailler les savants; respectons-les, écoutons-les, acceptons les systèmes qui sont en accord avec les faits et avec la raison, présumant toutefois, pendant notre examen, que nous ne rencontrerons l'accomplissement de ces conditions que dans les systèmes qui ne seront pas en opposition avec le fait que nous tenons pour certain : la direction d'une intelligence initiale ; intelligence éminemment, immensément supérieure à la pensée humaine, *quoique de même nature qu'elle*, ayant eu le pouvoir d'inculquer dans la matière et dans l'esprit des propriétés capables de produire, immédiatement ou après diverses évolutions, un résultat voulu, c'est-à-dire de les faire tels qu'ils sont, de les créer.

Je parais m'être éloigné de la politique ; mais tout se tient dans l'esprit humain à qui ce livre est adressé : les hautes pensées ont eu et ont encore influence sur les petites, comme les petites ont, trop souvent, influence sur les grandes, même sur celles qui gouvernent les États.

ANNEXE

LE SOLEIL HABITABLE

L'opuscule ci-dessus relaté, *Les destinées de l'âme*, cite (p. 58) comme une autorité à l'appui de cette assertion : « Le soleil peut être habité par des êtres analogues à ceux qui peuplent notre planète, » — expressions d'Arago, — le livre de M. Flammarion intitulé : *La pluralité des mondes habités*. Le savant auteur a publié, depuis celui-là, un autre ouvrage ayant pour titre : *Dieu dans la nature*, qui me paraissait impliquer la théorie spiritualiste des causes finales, et confirmer ainsi ce que j'avais cru voir dans la *Pluralité des mondes*. Mais son livre plus récent (1877) : *Les terres du ciel* combat très-directement l'opinion qui me semblait résulter implicitement du premier ouvrage. La théorie de l'habitabilité du soleil tient une grande place — quoique secondaire et accessoire — dans l'aperçu cosmologique esquissé par cet opuscule, *Les destinées de l'âme*, que je rattache au présent écrit ; je vais donc insister ; et, pour soutenir cette théorie, je soumets à M. Flammarion et au public les observations ci-après. Je dis au savant astronome :

J'espère, monsieur, que vous enseignez, dans *Les terres du ciel*, la non-habitabilité du soleil presque uniquement par respect pour le système cosmogonique de Laplace et pour la majorité des savants qui, maintenant, l'adoptent ; respect fondé sur des motifs fort plausibles, mais sur lequel j'appellerai plus loin vos réflexions.

Je fonde cette espérance sur les considérations suivantes :

1° Cette non-habitabilité de l'astre central qui régit tout un ensemble planétaire serait une infraction capitale à la *loi des convenances*, que l'on retrouve si souvent dans la nature, et que vous avez invoquée plusieurs fois (p. 513 et autres). Vous reconnaissez, en général (p. 11 et autres), qu'un astre habité par des êtres intelligents a, aux yeux de la raison et de la science philosophique, une tout autre valeur que celle qu'on pourrait lui attribuer s'il n'était qu'un rocher désert voguant *sans but* dans l'espace. — Or le soleil, dites-vous (p. 79), est le chef de famille, le père des planètes. Il serait donc manifestement contraire à la loi universelle des convenances que cet astre paternel eût, sous un rapport considérable, presque essentiel, moins de valeur que les planètes ou que l'une d'elles : la terre. Cette terre est habitée par des êtres intelligents; plusieurs autres planètes, comme vous l'assurez, sont aussi des habitations pour des êtres ayant avec ceux-ci beaucoup de ressemblance; la logique, d'accord avec la loi énoncée, veut donc impérativement que le soleil soit habité par des êtres intelligents; et j'ajoute, avec Arago, par des êtres analogues, et presque certainement supérieurs à nous.

2° Vous écrivez (p. 113): « Aujourd'hui, le fait connu que le globe solaire n'est pas solide, mais liquide ou même gazeux, et plus brûlant qu'un métal en fusion, ne nous permet plus d'admettre la possibilité de la vie organique à sa surface mobile et ondoyante. » — Permettez-moi de répondre que c'est là un fait *convenu*, bien plutôt qu'un fait *connu;* et j'invoque encore sur ce point votre autorité. L'étude de l'astre radieux, avez-vous dit (p. 79), est loin d'être terminée. Or, dans un tel état de la science, il est prématuré d'affirmer, comme fait connu, que le soleil est un globe liquide et brûlant. Il faudrait, ce me semble, pour qu'une telle assertion — combattue par Arago, Herschell, Humboldt — fût considérée comme certaine, comme définitive, que l'étude de l'astre fût bien complétement achevée. — Je ne doute donc pas que vous n'ayez fait mentalement quelques réserves en relatant ce fait donné par une science *dont l'étude n'est pas terminée*.

Contrairement à cette assertion, j'ose proposer sur la constitution du soleil — en m'aidant des souvenirs que me fournit l'*Astronomie populaire* — l'*hypothèse* suivante, qui me paraît plus conforme que celle du grand géomètre aux doctrines spiritualistes; doctrines dont plusieurs hommes éminents déclarent qu'il est fort utile de tenir compte dans les travaux *scientifiques*.

Le grand astre, par son immense force attractive, accumule autour de lui et absorbe une incommensurable quantité d'éther.

L'éther est un corps matériel, puisque ses ondulations nous apportent la lumière. Mais on ne peut voir dans cette substance le gaz *sui generis* imaginé par Laplace ; gaz ou fluide pâteux qui aurait contenu en notable quantité du silex, de l'humus, du granit, du fer ; et, en se contournant, aurait formé la masse du soleil, celle de la terre, de Jupiter et des autres planètes.

Cet éther, qui n'est pas la *matière cosmique* de Laplace, nourrit, alimente incessamment, indéfiniment, le globe solaire, par assimilation des molécules. Du sein de l'astre, qui, lui non plus, n'est point un foyer incandescent, mais un globe habitable comme notre terre, sortent aussi incessamment des gaz qui s'y sont formés par la combinaison de l'éther avec la substance spéciale du corps solaire. Ces gaz s'enflamment, à une certaine distance au-dessus de la surface solide, par leur contact avec d'autres gaz similaires échauffés jadis par le froissement électrique des molécules arrêtées dans leur ascension, et constituent autour du soleil une photosphère dont la partie inférieure éclaire, échauffe dans une certaine mesure la surface du grand astre, et dont la partie externe ou supérieure flamboie dans l'espace.

C'est seulement cette photosphère que nous voyons et qui nous présente une auréole 1,279,267 fois plus volumineuse que le contour de notre globe terrestre. Quant au globe solide, au globe solaire proprement dit, dont le poids, mesuré par sa puissance attractive, surpasse 324,000 fois celui de la terre, il est beaucoup moins volumineux que l'objet saisi par nos regards, et il peut bien être d'une telle dimension que sa densité soit à peu près la même que celle de notre globe terrestre.

Les taches, noyaux, pénombres, facules, « flammes jaillissant à 40 et 50 mille lieues de hauteur, comme les vagues colossales d'effroyables tempêtes (p. 39), » sont le résultat d'événements qui se passent dans le nuage ambiant, dans la photosphère ou dans la chromosphère qui l'enveloppe (p. 100).

Suivant vos observations (p. 477), la planète *Jupiter*, pour laquelle vous professez une fort grande estime, nous offre une image — scientifiquement constatée — de la disposition solaire que je viens de décrire. « Sa surface, dites-vous, monsieur, nous ne la voyons jamais ou rarement à travers les éclaircies qui nous paraissent sombres... » « Les perturbations atmosphériques peuvent s'accomplir dans l'immense enveloppe aérienne de Jupiter, sans que la surface de la planète soit elle-même dans un état d'*instabilité correspondant.* »

La concordance que j'indique, d'une auréole lumineuse et brûlante, avec l'habitabilité du globe solaire par des êtres analogues ou semblables à nous habitants de la terre, nous est montrée, d'ailleurs, par un fait dont nous sommes journellement témoins. Un jet de gaz hydrogène, qui s'élance d'un globe de cristal soutenu par un candélabre, brille, illumine, répand une vive chaleur, et cependant le candélabre placé au-dessous est à peine échauffé. Le gaz continue à brûler, à éclairer, à lancer du calorique, tant que le jet partant du candélabre est entretenu par la source d'où il est provenu. C'est bien là une représentation de ce qui se passe pour le grand astre, comme la conséquence de l'absorption non interrompue de la substance éthérée et de l'expansion également continuelle du gaz formé par la combinaison qui s'opère dans l'intérieur du globe solaire, lequel alimente incessamment l'auréole ou photosphère.

Les particules de fer, de calcium, de manganèse, signalées par le spectroscoque, viennent bien du globe solide, mais non pas immédiatement ; elles sont apportées dans la phostosphère par les gaz qui sortent de ce globe solide où ils se sont fabriqués ; et il suffit (p. 109) que ces particules existent, *quelque minimes* qu'elles soient, pour que la présence du corps métallique se trouve manifestée par les raies que produit la lumière photosphérique.

Nous pouvons nous préoccuper très-peu, comme objection, du poids qu'aurait un corps humain à la surface du soleil. La force musculaire des habitants du globe central est proportionnée à leur poids et leur fait équilibré. D'ailleurs, une force élastique analogue à celle qui soutient la colonne d'air que nous supportons ici-bas aide aussi les habitants du soleil à vaincre, sans qu'ils en souffrent ou même qu'ils le remarquent, le poids qui résulte de l'attraction solaire. — Vous serez, plus que beaucoup d'autres, je pense, disposé à donner votre assentiment à cette application de la loi des convenances, puisque vous avez fait une application pareille de la même loi, en parlant de la sensibilité de l'organe oculaire des habitants de votre bon *Jupiter* (p. 504).

Enfin, vous me pardonnerez, monsieur, d'aimer le soleil, dans lequel je vois un séjour des élus, comme vous aimez *Jupiter*, à cause de son printemps éternel et de ses nombreux satellites.

Newton remarquant plusieurs perturbations astronomiques, dont il ne reconnaissait pas les causes, oublia, dans un moment d'inquiétude, la loi spiritualiste des convenances, et dit qu'une *main correctrice* serait peut-être ultérieurement nécessaire pour rétablir l'harmonie des mondes.

Laplace montra, géométriquement, que les perturbations observées n'avaient rien de dangereux pour l'ordre céleste ; qu'elles s'opéraient par l'effet de causes connues, dans des limites déterminées, et alternaient de façon à faire revenir, après un certain temps, l'immense mécanisme à son état normal, pour recommencer indéfiniment des phases semblables à celles dont Newton redoutait les suites.

C'est pourtant ce même Laplace qui, après avoir donné une telle preuve de l'intelligence divine hautement manifestée dans cette combinaison des forces générales, a — peut-être en obéissant à l'impulsion produite par l'esprit du temps où il vivait — supposé que jadis le grand corps, qui est devenu la masse aujourd'hui souveraine du soleil, n'était autre chose qu'un immense amas de gaz, auquel il donne, à la vérité, un nom, celui de *matière cosmique*, mais dont il n'indique ni la composition ni l'origine; supposition imaginaire qui ne tend à rien moins qu'à expliquer, sans recourir à une volonté intelligente, l'existence de l'univers; supposition conséquemment toute différente de celles dont Copernic et Newton, reliés l'un à l'autre par Galilée, ont doté l'humanité.

Il faut respecter jusqu'à un certain point cette hypothèse, puisqu'elle est en ce moment adoptée par la *science*. Toutefois, en s'exprimant avec discrétion, on peut légitimement remarquer qu'elle pourrait bien n'être pas aussi plausible que celle dont le géomètre déclarait *n'avoir pas besoin ;* et on y est très-disposé en portant sa pensée sur un grand nombre des conséquences que, logiquement, elle entraîne.

Examinons l'une d'elles. « Les planètes, avez-vous écrit, monsieur, en interprétant ou développant le système, s'éteindront et continueront néanmoins à graviter autour de l'astre central (p. 116) » ; elles ne seront plus alors que de grands blocs matériels, déserts pour toujours, et inutiles à la vie. Or la vie, ainsi que vous l'avez remarqué plus loin (p. 596), est le fait essentiel « par lequel on peut comprendre l'existence de l'univers. »

Le système de Laplace — et cela me paraît

fort grave — est donc radicalement atteint par une manifeste contradiction avec un fait *essentiel*, un fait sans lequel on ne pourrait comprendre l'existence de l'univers ; car si, par le refroidissement successif, toutes les planètes, *tous les soleils* (p. 115), doivent s'éteindre les uns après les autres, la vie finirait par disparaître de l'univers. Conséquence inévitable, qui ruine l'hypothèse du géomètre. — L'opération serait longue! Mais, répond l'hypothèse, le froid glacial, pour effectuer son œuvre a l'*infini* du temps; et, pour la concevoir, nous avons ce même infini devant notre pensée. — Adieu donc à la vie universelle *ou* au système cosmogonique.

La conséquence suivante, sans être aussi décisive que celle-ci, a bien aussi quelque importance : le système, s'il était admis par le vulgaire, détruirait presque tout l'intérêt que l'on attache à l'astronomie. Cette science attire ordinairement l'attention de ceux qui s'en occupent, parce que ce vulgaire, et aussi quelques savants, voient dans ses découvertes, dans ses révélations, une image de la conception divine ; parce qu'ils espèrent y trouver des documents sur le sort futur de leur âme immortelle. Cet intérêt serait bientôt évanoui sous l'influence continue de l'hypothèse destructive de l'âme, surtout après le moment désirable où l'astronomie aurait cessé d'être une arme de combat. Le matérialisme, définitivement accrédité, exercerait aussi de funestes effets sur les autres sciences ; il abaisserait l'esprit humain.

Je ne continue pas le procès, laissant à de plus habiles le soin de le soutenir, et peut-être la certitude de gagner la cause.

Vous avez demandé, monsieur (p. 575), où finit la matière? où commence l'esprit? Permettez-moi d'esquisser une réponse, au point de vue que je viens de rappeler.

1er *aspect de la question.* — L'univers matériel, composé de soleils, de planètes, de satellites, n'est pas infini : cinquante milliards de soleils forment un objet *fini*, comme feraient cent ou deux cents. — Où sont ces bornes de l'univers physique ? Il nous importe peu de le savoir ; c'est assez que nous ayons reconnu qu'elles existent. — L'*esprit* a précédé la matière, car sa préexistence et son action étaient nécessaires pour que, de la nature des choses, des diverses parties élémentaires composant la matière dérivassent les rapports, les lois, les mouvements, les combinaisons mécaniques et chimiques, disposés pour des fins particulières et un but général, desquels est résulté l'ordre universel.

2e *aspect.* — L'homme, *par son organisme matériel*, est semblable au ciron qui croit que la forêt de quelques hectares dont fait partie l'arbrisseau qu'il habite est incommensurable, infinie. Par son *esprit*, au conraire, par sa pensée, l'homme est un géant prodigieux qui plane sur tout l'univers ; conçoit l'existence et la puissance du Créateur ; se tient pour assuré que la destinée du géant ne peut être la même que celle du ciron ; s'élève aux plus sublimes hauteurs dans l'immensité et dans la durée. L'esprit marche de concert avec le corps, avec la matière vivante, jusqu'à une certaine limite ; puis il la dépasse. Où elle s'arrête, où elle *finit*, il *commence* à s'avancer seul, pour continuer la carrière qu'il lui est donné de parcourir.

C'est l'esprit, et non la matière vivante, que vous avez écouté en écrivant (p. 595) : « Newton, Galilée, Kepler, ne sont pas morts.... Seraient-ils tombés pour ne plus se relever, comme de vulgaires animaux arrivés au terme de leur carrière, comme le fruit mûr tombé de l'arbre sous le souffle d'un vent d'automne? — Non. Ces astres de la pensée ne sont pas éteints ; ils brillent ; ils agissent en d'autres sphères ; ils continuent en des mondes meilleurs l'œuvre interrompue. » C'est l'esprit, dis-je, — et non la matière vivante —, qui a dicté cette éloquente affirmation, car elle ne peut se concilier avec un système matérialiste. Si le cerveau, fils de la terre, *résultante* d'un développement matériel, est tout l'homme, dès que le cerveau est éteint, l'homme ne vit plus, Newton est mort. Il faut donc, pour justifier cette affirmation, modifier l'état présent de la science qui se rattache au système de Laplace ; il faut, sous peine de renoncer à l'immortalité de l'âme, de celle de Newton comme de toutes les autres, revenir *scientifiquement* au Créateur et à cette vieille conclusion dans laquelle est comprise la spiritualité et l'immortalité : *Dieu fit bien ce qu'il fit.*

N'est-il donc pas, dans le domaine physique comme dans le domaine moral, des faits constants dont l'incompatibilité avec le système cosmogonique aujourd'hui régnant pourrait être démontrée, ou qui seraient inexplicables avec le seul secours de ce système?

Je souhaiterais, monsieur, que vous fissiez, relativement au grand géomètre, ce qu'il a fait à l'égard de Newton. Vous ne le pourriez pas *en l'état actuel de la science* (p. 587). Mais cet état présent ne peut-il être changé? L'hypothèse de Buffon a eu ses jours de triomphe; maintenant elle est abandonnée; l'état de la science a été changé. — Vous êtes, je crois, au nombre des hautes intelligences qui semblent appelées à opérer cette transformation.

Dans cette lutte, dans cette ascension vers un nouvel état, vous seriez en fort bonne compagnie. Pour les vues générales, vous auriez celle de Fénelon, de Clarke, de M. Paul Janet et autres; et sur la question spéciale, l'habitabilité du soleil, vous auriez le souvenir des doctrines de Herschell, Humboldt et Arago. — Laissez-vous tenter, je vous prie. Il ne s'agit pas d'inventer un nouveau système cosmogonique, mais de montrer que celui de Laplace, en tant qu'œuvre matérialiste, et *n'ayant pas besoin de Dieu*, ne peut plus être accepté. Toutefois vous diriez, si vous le jugiez à propos, comment on peut le remplacer. Votre savoir qui embrasse de si vastes horizons, votre imagination si féconde ne s'exerceraient peut-être pas en vain sur cet immense sujet.

FIN.

TABLE

PARIS. — TYPOGRAPHIE LAHURE
Rue de Fleurus, 9

PARIS. — TYPOGRAPHIE LAHURE
Rue de Fleurus, 9

www.ingramcontent.com/pod-product-compliance
Ingram Content Group UK Ltd.
Pitfield, Milton Keynes, MK11 3LW, UK
UKHW021849190726
13855UKWH00001B/231

9 782013 3543